고해성사의 일곱 가지 비밀

7 Secrets of Confession

Vinny Flynn

Copyright © 2013 by Vinny Flynn
Cover art from "The Love That Saves", © 2013 by Maria Rangel
Published in 2013 by Ignatius Press, USA
Korean translation copyright © 2024 by ST PAULS, Seoul, Korea

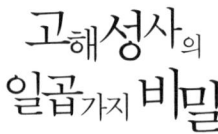

발행일 2024. 2. 14

글쓴이 비니 플린
옮긴이 전경훈
펴낸이 서영주

펴낸곳 성바오로
출판등록 7-93호 1992. 10. 6
주소 서울특별시 강북구 오현로7길 20(미아동)

취급처 성바오로보급소 **전화** 944-8300, 986-1361
팩스 986-1365 **통신판매** 945-2972
E-mail bookclub@paolo.net
인터넷 서점 www.paolo.kr

책값은 뒤표지에 있습니다.
ISBN 978-89-8015-949-9
교회인가 서울대교구 2023. 11. 13 SSP 1092

성경 ⓒ 한국천주교중앙협의회, 2024.

• 이 책은 저작권법의 보호를 받으므로 무단전재와 무단복제를 금합니다.
이 책 내용의 전부 또는 일부를 재사용하려면 반드시 저작권자와 성바오로출판사의 동의를 얻어야 합니다.

고해성사의
일곱 가지 비밀

비니 플린 글 | 전경훈 옮김

나와 함께 울고 웃고 놀았고,
내게 하느님 아버지의 자비로운 얼굴을 비추어 보여 주었으며,
치유와 거룩함으로 향한 길을 끈기 있게 걸었던
나의 고해 사제이자 평생의 친구,
피터 신부에게

ಬಾಡ

사랑하는 딸이자 헌신적인 편집자로서
저술과 편집, 제작의 전 과정에서 일을 순조롭게 진행시키며
내 곁에 없어서는 안 될 존재로 함께 일해 준 에린 플린과,
메리언 프레스의 주필로서
바쁜 일과 중에도 시간을 내서 원고를 검토해 주고
출간 준비 과정에서 편집에 요긴한 도움을 준 데이비드 케임에게
특별한 감사의 마음을 전합니다.

"우리가 아직 치유될 수 있을 때
우리 자신을 의사이신 하느님의 손에 맡겨 드립시다."

2세기의 어느 강론에서

소개 글

"두려움은 아무 쓸모가 없으니, 필요한 것은 믿음뿐이다."

마르 5,36 참조

성녀 파우스티나의 「일기」에서 예수님은 우리에게 "영혼들이 내 자비의 법정에 나오기를 두려워하지 않도록 그들을 위해 기도하여라."(975)라고 말씀하십니다. 나는 사람들이 이러한 지향으로 기도해 왔고, 이 책이 많은 이들이 다시 고해소로 돌아오도록 도와줄 것을 믿습니다.

내가 신학교에 있었을 때는 반드시 그럴 필요가 없었음에도 매주 토요일 아침이면 고해성사를 보러 갔습니다. 그것은 자비의 성사 안에서 예수님의 사랑을 만나는 그분과의 주간 회동이었고, 이를 통해 나는 평화와 기쁨을 얻었습니다. 하지만 고해성사를 보러 가는 일이 쉽지는 않았습니다. 거의 언제나 방해하는 일들이 일어났고, 그것은 영적인 공격이었다고 믿습니다.

가장 일반적인 공격은 두려움입니다. 두려움은 대개 고해소 앞에서 줄을 서서 기다리는 동안 엄습했습니다. 실제로 고해소에 가까워질수록 두려움도 커졌으며, '신부님이 너한테 소리를 지르실 거야.' 같은 생각이 꼬리를 물었습니다. '너는 정말 최악의 죄인이야. 너 같은 놈에게 베푸실 자비 따위는 없어.' '너는 아무 죄도 기억해 내지 못하고 바보 같아 보이겠지.' '네가 지은 죄를 듣고 신부님도 충격을 받으실 거야.' '매번 똑같은 죄를 고백하고 또 고백하니까 이제 하느님도 너한테 질려 버릴 거야.'

이러한 생각과 거기에 동반되는 불안의 파도는 사실 말도 되지 않는 것들이었습니다. 어쨌든 나는 여러 해 동안 하느님 자비의 메시지에 커다란 신심을 품어 왔으니 말입니다. 늘 하던 대로 '예수님, 저는 당신을 믿습니다.'라고 기도함으로써 이런 생각들을 물리치겠다고 마음먹었습니다. 하지만 쉬운 일이 아니었습니다. 고해소 앞에 서 있을 때마다 기억 상실증으로 하느님 자비에 관해 배운 것들을 모두 까맣게 잊고 마는 듯했으니까요.

그러던 어느 날, 성녀 파우스티나의 「일기」 한 구절을 읽었는데, 다른 무엇보다 크게 도움이 되었습니다. 예수님께서 파우스티나 성녀에게 이렇게 말씀하셨습니다.

네가 고해성사를 받을 때는 언제나 너 자신을 나의 자비 안에 온전히 잠기게 하여라. 그러면 너의 영혼에 나의 은총을 넘치도록 부어 줄 것이다. … 영혼들에게 말하여라. 이 자비의 샘에서 영혼들은 은총을 긷되, 오직 은총의 그릇으로 긷는다. 그들이 큰 믿음을 가졌다면 나의 너그러움은 한이 없다.

「일기」, 1602

매주 일어나던 영적 공격은 당연하게도 두려움에 집중되어 있었습니다. 사탄은 내게서 고해성사의 은총을 빼앗아 가려 했고 두려움이 믿음을 없애 버린다는 것을 알았습니다. 그래서 나는 파우스티나 성녀의 일기에 적힌 그 구절을 읽고, 예수님에게 다가가는 것과 똑같이 그분의 자비에 대한 커다란 믿음과 회개를 통해 고해성사에 접근하기로 굳게 결심했습니다. 이 결심이 도움이 되지 않은 것은 아니지만, 여전히 마음속에서는 전투가 벌어집니다.

『고해성사의 일곱 가지 비밀』 덕분에 마음속 전투에서 이기는 일이 수월해졌습니다. 비니 플린이 말하는 '일곱 가지 비밀'은 이 화해의 성사와 우리 사이의 장애물들을 멀리 날려 버리는 일곱 개의 폭탄과도 같습니다. 똑같은 죄를 계속 고백해야 하는 자신의 처지에 낙담해서 마지못해 겨우 고해소에 갔다거나 어떻게 하면 고해를 더 의미 있게 할 수 있는지 고민한 적이 있다면 분명 이 책을 사랑하게 될 것입니다. 많은 이들이 성가신 의무로 여기는 고해성사가 오래도록 바라 온 주님과의 소중한 만남으로 바뀝니다.

매주 고해성사를 하는 사람도, 여러 해 동안 고해성사를 한 적이 없는 사람도, 이 책을 통해 이 놀라운 성사에서 하느님 자비의 선물을 다시 발견하고 깊이 사랑하게 될 것입니다. 비니 플린이 이 비밀들을 혼자만 간직하지 않은 것이 무척이나 고맙습니다. 이 책을 읽는 분들도 그러한 고마움을 느낄 수 있을 겁니다. 그것이야말로 기도에 대한 참된 응답입니다.

마이클 게이틀리Michael Gaitley, MIC 신부*

마이클 게이틀리 신부는 매사추세츠 스톡브리지에 있는 Association of Marian Helpers(마리아의 조력자 협회) 회장직을 맡고 있다. 매우 재능 있는 작가이며 인기 있는 강연자이기도 한 게이틀리 신부는 『33 Days to Morning Glory』(아침의 영광을 향한 33일), 『Consoling the Heart of Jesus』(예수 성심을 위로하기), 『The 'One Thing' Is Three』(그 '하나'는 곧 셋이다) 등 여러 권의 책을 저술했다. 또한 'New Evangelization'(새로운 복음화)을 위한 본당 종합 프로그램 'Hearts Afire'(타오르는 마음)을 만들었다(www.AllHeartsAfire.com).

차례

소개 글

머리말 장보기 목록을 넘어서 … 15

첫 번째 비밀 죄가 하느님을 바꾸지는 못한다 … 21

두 번째 비밀 용서에 관한 것만은 아니다 … 37

세 번째 비밀 당신의 죄는 나의 죄와 다르다 … 59

네 번째 비밀 고해는 정말로 은밀한 일이 아니다 … 81

다섯 번째 비밀 메일이 도착했습니다 … 105

여섯 번째 비밀 새 술은 새 부대에 … 125

일곱 번째 비밀 사슬을 벗어 버려야 한다 … 145

맺음말 오일을 교환하십시오 … 177

보너스 비밀 전채 요리를 잊지 말 것 … 191

출처 및 참고 자료

저자의 노트

본문에 인용된 글들에 대해서는 책 뒷부분에 그 출처를 순서대로 정리했습니다. 성경, 「가톨릭 교회 교리서」, 교회 문헌들, 성녀 파우스티나의 「일기」를 주로 인용했습니다.

머리말
장보기 목록을 넘어서

기쁨과 믿음으로 이 성사를 다시 발견합시다.[1]

성 요한 바오로 2세 교황

솔직해지는 것으로 시작해 봅시다. 나 역시 고해성사가 토요일 오후에 할 만한, 재미있고 신나는 일이라고는 생각하지 않습니다. 물론 토요일이 아니라 다른 어느 때라도 마찬가지입니다. 아무래도, 나 자신도 인정하고 싶지 않은 일을 다른 사람에게 말해야 한다는 것은 그리 신나는 일은 아니었습니다. 그것은 늘 거북하고, 종종 곤란하고, 때로는 순전히 굴욕스럽기까지 한 일이었습니다. 특히 고해 사제가 참을성과 이해심이 없을 때는 더욱 그러했지요.

나는 '고해성사를 받아야 합니다'

하지만 나는 '좋은 가톨릭 신자'이기에 영성체를 원했고, 내 영혼에 중대한 죄가 있다면 합당하게 영성체할 수 없다는 것을 알았습니다. 그래서 중대한 죄를 지었다는 생각이 들 때면 언제나 마음을 찌르듯 가책이 느껴져 고해성사를 받아야 했습니다.

고해성사가 내게 의미하는 것이란 바로 이런 것이었습니다. 고해성사가 그 자체로 바람직한 것이라고는 한 번도 생각해 보지 않았습니다. 그것은 단순히 하나의 목적을 향한 수단에 불과했고, 영성체하기에 합당한 사람이 되고자 지은 죄를 용서받으려고 통과해야 하는 관문이었습니다. 물론, 때로는 고해성사 뒤에 훨씬 기분이 나아지기도 했지만, 여전히 할 필요가 없다 싶을 때면 굳이 하려고 하지 않았습니다.

옳고 그름에 대한 느낌이나, 이제는 내가 참된 통회라고 부르는 것 때문이 아니라, 단지 고해성사를 받아야 한다는 생각 때문에 죄지은 것을 후회하게 되는 때도 있었습니다. '아, 하느님을 거슬렀구나.'라는 생각 대신에 '아, 이제 성사 보러 가야 하는구나.' 하는 생각이 들었던 것입니다.

내게 고해성사와 영성체는 완전히 별개였습니다. 고해성사는 영성체의 선결 조건이라는 것뿐이었습니다. 영성체를 원했고, 그래서 고해성사를 해야만 했습니다.

'장보기 목록' 고해

고해성사에 대한 이해가 매우 제한되어 있던 탓에 나는 온통 죄에만 집중했고, 나에게 죄는 단순히 나쁜 행위를 의미했습니다. 그러니까 그건 내가 나쁜 '생각이나 말이나 행동'을 했을 때를 말합니다. 그래서 마음속으로 목록을 작성했습니다. 나쁜 생각, 말, 행동을 기록한 '장보기 목록' 같은 것이었습니다. 목록에 너무 많은 것이 올라 있거나, 그중 하나가 지나치게 나빠 보이는 경우에는 반드시 고해를 하고, 그런 다음에야 영성체를 해야겠다는 생각이 들었습니다. 용기를 내서 억지로 고해소 안으로 들어설 때마다 신부님이 내가 누구인지 알아채지 못하기를 바랐습니다. 아마 독자 여러분에게도 모두 익숙한 이야기일 것입니다.

마음속에서 하느님은 단지 간접적으로만 관련되었습니다. 고해성사는 나와 사제 사이에서 일어나는 일이었던 것입니다. 나는 장보기 목록 같은 죄의 목록을 빠르게 읽어 내려간 다음, 어릴 적부터 암기해 둔 참회의 기도를 읊었습니다. 신부님은 하느님의 이름으로 나를 용서하고 내가 해야 할 보속을 알려 주셨습니다. 그러면 나는 삶이 새롭게 시작되고 다시 성체를 받아 먹을 수 있게 되었음을 알고 한결 가벼워진 마음으로 고해소를 나왔습니다.

이것이 그렇게 나쁘기만 했을까요? 물론 그렇지 않습니다. 우리는 죄와 용서를 인식할 필요가 있습니다. 그리고 영혼에 중대한 죄를 지닌 채로 성체를 받아 먹었다면 그것은 분명히 잘못된 일이었을 것입니다. 하지만 고해성사에 대한 나의 이해가 매우 제한적이고 편협했던 탓에 나는 이 성사의 참된 아름다움과 가치를 계속 깨닫지 못하고 있었습니다. 그 아름다움과 가치는 제대로 설명만 한다면 어린아이조차 쉽게 이해할 수 있는 것인데도 말입니다. 지난 몇 년 동안 전국을 돌아다니며 사람들에게 강연하고 사명을 부여하면서 깨달은 것은, 많은 가톨릭 신자들이 이처럼 고해성사를 제한적으로만 이해하고 있으며, 이 위대한 성사에 대한 명확한 가르침이 반드시 필요하다는 것이었습니다.

'비밀'을 다시 발견하기

앞서 출간한 『성체성사의 일곱 가지 비밀』에서도 설명했다시피, 이 책에도 진짜 비밀이란 하나도 없습니다. 다만 어떤 이유에선가 교회의 중심에 숨겨진 채로 놓여 있어 다시 발견되어야 하는 진실들이 있을 뿐입니다. 성 요한 바오로 2세 교황은 이렇게 말했습니다. "그 어느 때보다 지금, 하느님 백성이 고해성사를 재발견할 수 있도록 도움을 주어야 합니다." 그리고 이어서 말했습니다.

> 우리가 이 성사의 완전한 아름다움을 재발견하고 … 우리 자신을 하느님의 자비에 내어 맡기며 … 그분의 은총으로 거룩함을

향한 우리의 여정을 시작할 수 있게 도와주시기를 그리스도께 청합시다.[2]

독자 여러분이 하느님과 경이로운 인격적personal 만남으로 고해성사를 경험한 적이 없다면, 혹은 영성체할 때와 똑같은 열망과 설렘으로 고해성사를 기대할 수 없다면 이 책을 계속 읽어 나가길 바랍니다. 여러분의 삶 또한 바뀔 수 있으니까요.

첫 번째 비밀

죄가 하느님을 바꾸지는 못한다

하느님은 사라지거나 달라지지 않으신다.
그분은 영원히 하나이시며 동일하시다.
… 예수님, 당신은 변함없으신 분이시므로, 나는 당신을 믿습니다.
… 당신은 언제나 한결같으시며 자비로 가득하십니다.

성녀 파우스티나의 「일기」, 386; 1489

고해성사를 제대로 이해하려면 먼저 죄를 이해할 필요가 있습니다. 죄란 무엇이며, 죄가 하는 것이 무엇이고, (그리고 어쩌면 가장 중요한) 죄가 하지 못하는 것이 무엇인지 깨달아 알 필요가 있습니다.

머리말에서 말한 것처럼 나는 죄를 단순히 나쁜 행위라고만 생각했습니다. 무언가 잘못된 것을 생각하거나 말하거나 행하는 것 말입니다. 점차 나는 이런 나쁜 행위들이 하느님을 거스르는 일들임을 생각할 줄 알게 되었습니다. 하느님을 적게 거스르는 가벼운 일들은 '소죄'이며, 소죄는 하느님을 조금 성가시게 하는 죄였습니다. 하느님을 크게 거스르는 중대한 일들은 '대죄'이며, 대죄는 영성체를 못하게 할 뿐 아니라 하느님이 정말로 내게 크게 화를 내시게 만드는 죄였습니다. 고해성사는 사제가 내게 주는 보속과 더불어 내가 저지른 죄에 대한 '보상'으로, 내가 다시 영성체를 할 수 있고 하느님이 더 이상 내게 화를 내시지 않게 하려면 반드시 해야 하는 일이었습니다. 하지만 이런 생각은 얼마나 잘못된 것인지요! 죄는 단지 행위에 관한 것이 아니라, 관계에 관한 것입니다.

여러분과 내가 여기에 있는 것은 우연이 아닙니다. 하느님께서 달리 할 일도 없고 심심해서 찰흙으로 장난을 치듯이 아무렇게나 우리를 창조하신 것도 아닙니다. 우리가 존재하는 것은 하느님께서 자녀를 원한 아버지시기 때문입니다. 우리는 하느님께서 그분의 사랑을 받아서 궁극적으로는 삼위일체이신 그분의 생명을 나누도록 그분 자신과 '비슷하게 그분 모습대로'(창세 1,26-27) 창조하신 그분의 자녀입니다. 성 요한 바오로 2세 교황은 회칙 「자비로우신 하느님」(7항)에서 하느님께서 창조주이시기만 하지 않다고 말합니다.

> 하느님께서는 아버지도 되십니다. 하느님께서는 창조보다 더 친밀한 인연으로 인간과 결속되어 계십니다. … 그것이 사랑입니다. 선한 것을 창조하실 뿐만 아니라 하느님의 생명에 … 참여하는 특권까지 주시는 것은 바로 사랑입니다. 사랑하는 이는 자기를 내주고 싶어 하는 까닭입니다.

교황 베네딕토 16세는 교황으로서의 첫 강론에서 이렇게 덧붙여 말했습니다.

> 우리는 우연하고 무의미한 진화의 산물이 아닙니다. 우리 한 사람 한 사람은 하느님의 사유의 산물입니다. 우리 한 사람 한 사람은 하느님께서 뜻하시고 사랑하시는 존재입니다.[3]

우와! 여러분이 존재하는 것은 하느님께서 여러분을 생각하시고 사랑하셨기 때문입니다! 하느님께서는 우리가 생명을 얻어 존재하도록 뜻하셨고, 우리에게 당신 자신을 내주시기를 간절히 바라셨습니다. 바로 그 하느님 아버지께서 우리 각자에 대한 당신의 사랑은 인격적이며 영원하다는 것을, 또한 그분의 초점은 우리의 행위가 아니라 우리와 그분의 관계에 맞추어져 있음을 몇 번이고 되풀이해서 계시해 주셨습니다. 하느님은 우리를 창조하셨을 뿐 아니라 우리의 아버지가 되셨고, 영원히 우리의 아버지가 되어 주십니다.

"나는 너를 영원한 사랑으로 사랑하였다."(예레 31,3)
"보라, 나는 너를 내 손바닥에 새겼고 너의 성벽은 늘 내 앞에 서 있다."(이사 49,16)

"산들이 밀려나고 언덕들이 흔들린다 하여도 나의 자애는 너에게서 밀려나지 않으리라."(이사 54,10)

"나는 또 너희에게 아버지가 되고 너희는 나에게 아들딸이 되리라."(2코린 6,18)

이러한 사실이 죄와 무슨 관련이 있을까요? 죄란 하느님께서 우리의 아버지가 되심을 우리가 거부하는 것입니다. 곧 우리가 그분의 사랑과 인도에 응답하지 않고 그분의 아들딸로서 그분과 사랑하는 인격적 관계 안에서 살기를 거부하는 것입니다. 신학자 스콧 한은 이에 대해 다음과 같이 말했습니다.

> 죄의 본질은 우리가 하느님의 아들임을 거부하는 것이다.[4]

물론 이러한 거부는 우리가 죄라고 부르는 다양한 행위들을 낳기 마련이지만, 정말 문제가 되는 것은 구체적인 행위들이 아닙니다. 행위는 문제의 증상이나 표현일 뿐, 진짜 문제는 아버지의 사랑을 받아들이고 그에 응답하기를 거부하는 우리 마음에 있습니다. 그러면 이러한 거부는 죄스러운 행위들을 빚어낼 뿐 아니라, 아버지의 사랑을 달라지게 하고 그분과 우리의 관계마저 끊어 버리는 것이 아닐까요? 그렇지는 않습니다. 그리고 바로 이것이 핵심입니다. 성 요한 바오로 2세 교황은 「자비로우신 하느님」에서 되찾은 아들의 비유를 숙고하며 다음과 같이 설명합니다.

> 탕자의 아버지는 아버지 된 도리에 성실합니다. 언제나 아들에게 쏟아 오던 그 사랑에 끝까지 성실합니다(6항).
> 문제의 탕자는 자기 아들이며, 이 부자 사이의 관계는 어떤 행동 때문에 달라지거나 끊어지지 않는 법입니다(5항).

아무리 나쁜 행위라 해도, 아버지와 자녀라는 하느님과 우리의 관계를 무효로 만들 수 없으며, 그 무엇도 우리를 향한 그분의 사랑을 바꾸어 놓을 수 없습니다. 성녀 파우스티나는 이렇게 썼습니다.

> 모든 것이 변하지만, 사랑은 절대 변하지 않는다. 사랑은 언제나 동일하다.
>
> 「일기」, 947

하느님은 우리의 죄스러운 행위 때문에 달라지지 않으시며, 우리를 사랑하시는 아버지로서 우리와 맺고 있는 관계에서도 물러나지 않으십니다. 그렇다면 우리의 죄스러운 행위가 낳는 결과는 무엇일까요?

죄는 우리를 하느님의 사랑에서 갈라놓습니다. 죄가 의미하는 바를 다시 살펴봅시다. 젊은 시절에 한 사제가 죄에 대한 정의를 들려주었는데, 그것은 이전까지 전혀 들어 본 적이 없는 정의였습니다. 그리스도교 교리 신심회* 강의에서 배웠던 신학적 정의들과도 매우 달랐습니다.

죄란 여러분의 얼굴을 하느님에게서 돌리는 것입니다.

나는 이 정의를 절대 잊지 못합니다. 이 표현은 내가 상상할 수 있는 모든 죄에 들어맞습니다. 내 얼굴을 '하느님에게로 돌리는 것'과 '하느님에게서 돌리는 것' 사이에는 얼마나 많은 단계가 있을까 생각해 보니, 소죄와 대죄 사이의 구분 또한 더욱 분명해졌습니다. 내 죄의 심각함은 하느님에게서 돌아서고 있음을 내가 얼마나 명확히 인식하는지, 내가 얼마나 의식적이고 자유롭게 돌아서기를 택하는지, 얼마나 완전하게 돌아서는지에 따라 달라집니다. 「가톨릭 교회 교리서」에서는 비유를 훨씬 더 명확하

---

* 그리스도교 교리 신심회(Confraternity of Christian Doctrine, CCD)는 평신도들에 대한 종교 교육을 목적으로 1562년 로마에서 설립된 종교 단체이다. 각 본당의 주일 학교가 확립되기까지 교리 교육 확대에 큰 역할을 했으며, 오늘날에도 다양한 교육 프로그램을 운영하고 있다. – 옮긴이 주

게 하는 이미지를 추가로 제시해 줍니다.

> 죄는 우리에 대한 하느님의 사랑을 거슬러 맞서며, 우리 마음을 하느님에게서 다른 곳으로 돌리게 한다.
>
> 1850항

우리의 마음을! 단지 얼굴만이 아닙니다. 앞서 우리가 본 것을 다시 떠올려 봅시다. 우리의 죄스러운 행위들은 진짜 문제의 증상일 뿐이라고 했었지요. 진짜 문제란 바로 우리 마음에 있는 것입니다. 죄를 지을 때 우리는 하느님에게서 얼굴만이 아니라 우리의 정신, 마음, 영, 그리고 우리 자신 전체를 하느님에게서 돌리는 것입니다.

죄를 지을 때 우리는 하느님의 사랑을 거슬러 맞서게 되고, 그래서 죄는 우리 자신을 그분에게서 갈라놓습니다. 「가톨릭 교회 교리서」는 죄가 하느님을 우리에게 거슬러 맞서게 한다고 말하지 않습니다. 죄가 하느님의 마음을 우리에게서 돌려놓는다고 말하지도 않습니다.

하느님은 절대 우리 죄의 결과로 벌어지는 단절을 불러일으키지 않으십니다. 그분은 절대 자신의 얼굴이나 마음을 우리에게서 돌리지 않으십니다. 그러나 그분은 우리를 자유로운 존재로 창조하셨고 우리의 자유를 존중하시므로 우리가 그분에게서 돌아서는 것을 허락하십니다. 잠시 멈추어 이 부분에 머물러 봅시다. 그분은 우리에게서 돌아서지 않으십니다. 우리가 그분에게서 돌아서는 것을 허락하실 따름입니다.

그렇다면 해결책은 무엇이겠습니까? 다시 돌아서는 것입니다. 우리가 마음을 바꾸어 하느님께로 다시 돌아서야 합니다.

몇 해 전에 아들 존과 함께 남성 신자들을 위한 피정을 이끌었는데, 존은 '회개'와 '참회'를 '뒤로 돌아!'라는 구령으로 가장 잘 이해할 수 있다고 설명했습니다. 존이 자원자를 청하자, 군 복무 경험이 있는 사람 하나가 앞으로 나와 구령을 듣고 어떻게 반응해야 하는지를 직접 보여 주었습니다. 바로 '뒤로 돌아!'의 정석이었습니다. 그는 자기 몸 전체를 매우 힘차고 절도 있게 돌려서 정반대 방향을 향했습니다. 그때 이후로 '회개'나 '참회'라는 말을 들으면 '뒤로 돌아!' 다시 그분께로 향하라는 '사령관'의 명령(과 애정 어린 초대의 말씀)을 떠올리게 됩니다.

무엇보다도 우리 각자를 향한 하느님의 사랑이 영구永久하다는 사실을 이해해야 합니다. 하느님의 사랑은 영원하며, 그 무엇에도 변하지 않습니다. 어떠한 죄도 하느님의 사랑보다 크지 않습니다. 여러분이나 내가 과거에 행한 것이든 미래에 행할 것이든, 또 행여 행할 가능성이 있는 것 중에서 우리를 향한 그분의 사랑을 멈출 수 있는 것은 아무것도 없습니다. 우리에게는 하느님을 바꾸어 놓을 힘이 전혀 없습니다! 하느님은 언제나 우리를 사랑하시고, 언제나 변함없으신 '있는 나'(탈출 3,14)이십니다. 모세가 산 위에서 하느님께 누구시냐고 물었던 장면을 떠올려 봅시다. 그때 하느님의 응답은 사실 내게 난해했고 혼란스럽게 느껴졌습니다. 어떠한 번역도 그 의미를 명료하게 밝혀 주지는 못했습니다.

나는 곧 나다.
나는 나인 것이다.
나는 있는 자다.
나는 있는 그다.

여기서 내가 이해할 수 있는 것은 하느님께서 당신 자신의 실존을 강조하고 계신 듯 보인다는 것뿐이었습니다. 필시 하느님은 당신이 언제나 존재했고 지금도 존재하며 앞으로도 영원히 존재하는 분임을 강조하신 것 같았습니다. 매우 학구적인 한 사제가 설명하는 것을 들은 적이 있는데, 이 구절을 정확하게 번역하기란 절대 불가능하다고 합니다. 다만 최선을 다해 번역해 보면 이 구절은 '나는 있고 있는 자'라고 할 수 있다고 합니다.

'있고 있다'라는 말을 실수로 잘못 쓴 것은 당연히 아닙니다. 물론 학교에서 배운 문법에 따르면 '있다'는 상태를 나타내므로 '~고 있다'고 진행형으로 표현할 수 없습니다. 학구적인 사제가 말하는 요점은 하느님은 늘 '있다'는 것이며, 하느님께 '있음'은 상태가 아니라 동작이라는 것입니다.

하느님은 무엇일까요? 어떤 분이신가요? 사도 요한은 우리에게 "하느님은 사랑이시다."(1요한 4,8)라고 말합니다. 그러나 하느님께 사랑은 명사가 아니라 동사입니다. 네, 하느님은 사랑이십니다. 그러나 그 사랑은 정적이지 않으며, 단지 '있음의 상태'가 아닙니다. 그 사랑은 늘 활동적이고, 늘 창조적이며, 늘 우리를 향해 베풀어집니다.

하느님은 절대 그저 '있음'이 아니십니다. 그분은 늘 '하고' 계십니다. 하느님은 언제나 변함없이 사랑이시며, 사랑을 하고 계십니다. 하느님은 늘 우리를 사랑하시지만, 우리의 존재나 행위 때문에 사랑하시는 것이 아니라 당신의 본성 때문에 사랑하십니다. 그것이 바로 그분이 누구이신가에 대한 해답입니다. 그분은 바로 '있고 있는' 분, '사랑하시는 분'입니다.

십자가의 성 요한은 하느님을 태양에 비유해 이 의미를 분명히 밝혀 줍니다.

태양은 아침 일찍 하늘 높이 떠올라 그대의 집에 햇살을 비춘다. 그대가 커튼을 걷기만 한다면 태양은 언제든 집안을 비출 준비가 되어 있다. 주무시지도 졸지도 않으시는 하느님께서는 영혼들에게 햇살을 비추는 태양과 같으시다.[5]

과학은 우리에게 실제로 해가 지는 것이 아니라고 알려 줍니다. 태양은 절대 땅 밑으로 '내려가지 않습니다.' 태양 주위를 돌면서 자신도 돌고 있는 것은 지구입니다. 태양은 그저 자신이 하고 있는 일을 계속하고 있을 따름입니다. 태양은 누구에게나 햇살을 비추어 빛과 열을 전합니다. 이같이 하느님은 늘 사랑하시고, 누구에게나 빛과 열을 전하십니다.

우리가 죄를 지어 하느님과 그분 사랑에서 우리 자신을 갈라놓을 때에도 하느님은 달라지지 않으십니다. 달라지는 것은 바로 우리 자신입니다. 우리 가운데 대부분은 이에 대해 제대로 배운 적이 없습니다. 우리는 우리가 행한 일(또는 행하지 않은 일)이 다른 이들의 반응을 일으키며, 사랑이란 착한 행위를 함으로써 얻어내는 것이라고 배웠습니다.

어린 시절부터 우리는 부모님, 선생님, 친구들, 그리고 처음 보는 낯선 이들까지도 우리가 어떻게 행동하는지를 바탕으로 우리에게 긍정적으로 반응하거나 부정적으로 반응한다고 배웁니다. 심지어 산타클로스 할아버지도 어린이들이 '착한 아이인지 나쁜 아이인지' 살펴보고 있습니다. 착하게 굴면 좋은 선물을 받고 나쁘게 굴면 걸어 놓은 양말 속에 숯덩이만 들어 있을 거라는 이야기지요.

성경의 창세기를 읽어 보면 하느님은 우리를 그분의 모습대로 (1.27) 창조하셨다고 합니다. 우리는 이를 혼동한 나머지 하느님을 우리 모습대로 재창조해도 된다고 생각합니다. 우리는 흔히 상대의 행위에 따라 조건부로 사랑하기 때문에 하느님 또한 그렇게 사랑하시리라고 생각합니다. 그래서 이따금 우리는 자신의 행위를 돌아보고 스스로 하느님 사랑을 받을 자격이 없다고 생각합니다. 그분은 하느님이시고, 여러분은 그분이 먼지로 창조하신 피조물일 뿐입니다. 그러니 여러분이 어떻게 그분의 사랑을 받을 자격이 있겠습니까?

그러나 기쁜 소식이 있으니, 여러분이 그분의 사랑을 받을 자격이 있어야 할 필요는 없다는 것입니다. 그분이 여러분을 사랑하시는 것은 그분 자신 때문이며, 그분이 여러분을 창조하시되 그저 피조물이 아니라 그분의 아들딸로 창조하셨기 때문입니다. 여러분은 하느님의 사랑을 얻어낼 수도 없고 잃어버릴 수도 없습니다. 여러분은 이미 그분의 사랑을 영원히 받고 있습니다. 하지만 여러분에게도 선택권이 있습니다. 여러분은 하느님의 사랑을 받아들일 수도 있고 거부할 수도 있습니다. 죄란 바로 그 사랑을 거부하는 것입니다. 태양은 늘 빛나고, 언제나 열과 빛을 줍니다. 내가 그것을 바꿀 수는 없습니다. 그러나 태양으로부터 얼굴을 돌릴 수는 있습니다. 창문에 커튼을 계속 쳐 놓을 수도 있습니다. 양산을 펴서 그늘을 드리울 수도 있습니다.

나는 동굴에 들어가서 이렇게 말할 수도 있습니다. "태양이 어디로 가 버렸나? 이곳은 왜 이렇게 어둡고 추운 거야?" 하지만 그렇다고 해서 태양이 변한 것은 아닙니다. 태양은 여전히 빛나고 있고, 열과 빛을 주고 있습니다. 그리고 언제든 내가 동굴 밖으로 나오기만 하면 그곳에서 여전히 나를 기다리고 있습니다.

그러나 동굴 안에 머무는 동안에는 절대 태양을 볼 수 없습니다. 내가 태양을 등지고 멀어졌으니 태양의 빛과 온기도 경험할 수 없습니다. 이와 마찬가지로 내가 죄를 지어 하느님을 등지고 멀어질 때 변하는 것은 하느님이 아닙니다. 죄로 인해 변하는 것은, 그분께서 끝없이 나를 위해 쏟아부어 주시는 그 사랑을 경험할 수 있는 나의 역량과 그 사랑을 볼 수 있는 나의 능력입니다.

안티오키아의 테오필로스 성인은 이렇게 썼습니다.

하느님은 그분을 볼 수 있는 역량을 지닌 이들에게 보인다. 그들이 마음의 눈을 계속 뜨고 있다면 말이다. 모두에게 눈이 있지만, 어떤 이들의 눈은 어둠에 덮여 있어 태양의 빛을 볼 수 없다.

눈먼 이들이 태양의 빛을 볼 수 없다고 해서 태양이 빛나지 않는 것은 아니다. 눈먼 이들은 원인을 찾아내 자기 자신과 눈을 되찾아야 한다.

마찬가지로 그대 마음의 눈도 죄와 악한 행실로 어둠에 덮여 있다. … 자기 안에 죄를 지닌 이는 누구도 하느님을 볼 수 없다.[6]

죄란 단지 '규칙을 어기는 것'이 아니며, 하느님을 거스르는 것만이 아닙니다. 죄는 나 자신을 거스르는 것이기도 합니다. 그리고 죄는 그에 상응하는 벌을 수반합니다. 죄는 동굴의 차가운 어둠 속에 나를 가두어, 내가 본래 향하도록 창조된 빛과 온기를 앗아갑니다.

죄는 나를 동굴 속으로 데려갑니다.
고해성사는 나를 동굴 밖으로 꺼내 줍니다.

두 번째 비밀

용서에 관한 것만은 아니다

우리는 치유받기 위해 고해성사를 받는다.
성녀 파우스티나의 「일기」, 377

셀 수 없는 담화와 피정과 선교 단체 강연에서 나는 수만 명의 사람들에게 단순한 질문을 던졌습니다. "고해성사의 목적을 설명하기 위해 단 하나의 단어만 사용할 수 있다면 여러분은 어떤 단어를 고르시겠습니까?" 사람들의 답은 언제나 똑같습니다. 고해성사의 목적은 바로 용서라는 것입니다. 하지만 이 답은 틀렸습니다. 그렇다고 나를 화형에 처하지는 말아 주십시오. 물론 고해성사는 용서에 관한 것입니다. 그러나 그것은 훨씬 더 폭넓은 목적의 일부분일 뿐입니다. 고해성사의 목적을 가장 잘 표현한 단어는 치유입니다.

머리말에서 말했듯이 나는 오랜 시간 동안 고해성사를 생각할 때면 언제나 죄에만 초점을 맞추었고, 나에게 죄는 나쁜 행위를 의미했습니다. 나는 규칙적으로 고해성사를 하지는 않았습니다. 내가 정말 고해성사를 봐야 할 만큼 중대한 죄를 지었다는 생각이 들 때만 고해소를 찾았고, 그 주된 목적은 영성체를 할 수 있게 죄를 용서받는 것이었습니다. 그것이 단순히 냉정하고 기계적인 과정일 뿐이었다고 말하려는 것은 아닙니다. 나는 바람직한 가톨릭 신자로서 해야 할 일을 하고 있다고 생각했습니다. 어떤 차원에서, 죄란 하느님을 거스르는 것이라고 이해했고, 통회의 기도를 바칠 때면 진심으로 기도했습니다. 나는 죄지은 것을 뉘우쳤고, 앞으로는 더 잘하기를 바랐습니다. 그래서 장보기 목록같이 죄의 목록을 적었고 고해소에 들어가 그 목록을 사제에게 읊은 다음 통회의 기도를 바쳤습니다. 그러면 사제는 사죄赦罪를 선언했습니다. 내 죄는 정말로 용서받았을까요? 물론 그렇습니다. 하지만 다음에 고해성사를 보러 가면 무슨 일이 벌어졌을까요? 똑같은 죄 목록을 다시 반복해서 읽는 일입니다. 담화 중에 내가 이 질문을 던지면 대체로 많은 이들이 나보다 먼저 대답합니다. 사람들은 잘 알고 있다는 표정으로 미소를 지으며 고개를 끄덕입니다. 그래서 나는 크게 놀란 척하면서 다시 묻습니다. "어떻게 아셨습니까?" '똑같은 죄 목록'이라는 증후군을 앓은 것이 나 혼자는 아닌 게 분명합니다. 그것은 우리 모두가 흔히 겪고 있는 공통의 문제인 것 같습니다. 그러면 왜 똑같은 죄 목록을 반복하게 되는 걸까요?

아마도 많은 이유가 있을 겁니다. 그중에는 인간적인 나약함과 교회에서 '사욕'(邪慾)이라고 부르는 '죄로 기우는 경향'도 있습니다. 세례를 받은 뒤에도 사욕은 우리에게 남아 있어, 우리는 주님께서 부르시는 거룩함에 이르기 위해 싸워야 합니다(「가톨릭 교회 교리서」, 1426항 참조). 그런데 한 신부님이 내게 말씀하신 대로, 똑같은 나약함에 재차 굴복하고 마는 우리의 경향성에 대해 지나치게 낙담해서는 안 됩니다. 그 신부님은 미소를 띠며 이렇게 물었습니다. "그렇다고 자네가 매번 새로운 죄를 지어 다시 고해성사를 받기 원하는 것은 아니지 않은가?" 하지만 우리가 계속 같은 죄 목록을 가지고 돌아오는 주된 이유는 그리스도께서 고해소에서 하시고자 하는 일을 우리가 잘 이해하지 못하기 때문이라고 생각됩니다. 우리는 단순히 우리 죄를 용서받고 싶어서 고해소에 찾아갈 뿐, 그분께서 더 많은 일을 하려 하신다는 것을 깨닫지 못합니다. 그분은 우리가 계속 같은 죄를 짓게 하는 태도나 무질서한 욕망, 문제, 상처에서 우리를 치유하고 싶어 하십니다.

혹시 궁금해할 분이 있을 것 같아서 말하는데, 이는 내 개인적 '심리학 개론'에 의한 고해성사에 대한 소견이 아니라, 가톨릭 교회의 명확한 가르침입니다. 「가톨릭 교회 교리서」에서 고해성사에 관한 정보를 찾고자 한다면, '치유의 성사들'이라는 제목 아래에서 찾을 수 있습니다. 성사의 목적을 간단하게 살펴봅시다. 모든 성사는 옛 「볼티모어 교리서」*에서 분명하게 설명했듯이 '그리스도께서 은총을 주시고자 제정하신 외적 표징'입니다.

그러면 그리스도께서 주려 하신 '그 은총'이란 대체 무엇입니까? 그리스도인은 이 단어를 많이 사용하는 편인데, 나는 은총이 무엇인지 실제로 설명할 수 있는 사람은 거의 만나 보지 못했습니다. 나는 늘 무척 모호한 방식으로 은총에 대해 생각했습니다. 하느님께서 우리에게 주시는 일종의 도움이라고 여겼지요. 물론 이런 생각이 틀린 것만은 아닙니다. 사실 「가톨릭 교회 교리서」에서도 은총에 대한 첫 정의에서 '하느님께서 우리에게 베푸시는 호의이며 거저 주시는 도움'(1996항)이라고 기술하고 있습니다. 그런데 「가톨릭 교회 교리서」는 더 나아가 하느님께서 왜 우리에게 은총을 주시는지도 설명합니다. 그것은 우리가 '하느님의 자녀가 되어' 그분의 신성을 나누어 받고 바로 지금 영원한 생명을 살게 하시려는 것입니다(1996항).

> 은총은 하느님의 생명에 대한 참여이다. 곧 은총은 우리를 성삼위의 내적 생활 안으로 이끌어 준다.
>
> 1997항

---

* Baltimore Catechism – 1885년 미국 가톨릭교회에서 발행한 교리서. 본래 어린이들을 위한 교리서로 기획되었고, 벨라르미노 성인의 「소小요리문답」(1614년)을 바탕으로 작성되었다. 발행 이후 1960년대까지 미국 가톨릭 학교들에서 교과서로 사용했다. – 옮긴이 주

그러므로 은총은 단지 도움에 그치는 것이 아니라, 새로운 종류의 생명입니다. 하느님께서 '우리 영혼을 죄에서 치유하여 거룩하게 하시려고'(1999항) 우리 영혼에 쏟아부어 주시는 하느님의 영원한 생명입니다. 이로써 우리는 하느님과 같이 될 수 있고 그분이 사시는 방식으로 살 수 있게 됩니다. 우리 영혼을 죄에서 치유하여 거룩하게 하신다! 「가톨릭 교회 교리서」는 죄에서 용서하신다고 하지 않고 치유하여 거룩하게 하신다고 말한다는 점에 주목해야 합니다. 그러면 이 모든 것이 의미하는 바는 무엇일까요? 모든 성사의 목적은 하느님께서 은총을 베푸시는 것이고 은총의 목적은 우리를 치유하고 거룩하게 하시는 것이란 뜻입니다. 그리하여 결국 각 성사의 최종 목표는 우리를 치유하고 거룩하게 하여 하느님과 같아질 수 있게 하려는 것입니다.

그러나 성사들은 제각기 고유한 구체적 성격과 효과, 집행 형식이 있습니다. 예를 들어 세례성사, 성체성사, 견진성사는 그리스도교 입문 성사들이라고 불립니다. 그리스도인의 삶을 시작하고 그 삶에서 인내하고 성장하는 데 필요한 모든 은총을 베푸는 것에 특별히 초점이 맞추어져 있기 때문입니다(「가톨릭 교회 교리서」 1212항과 1533항 참조). 성품성사와 혼인성사는 다른 이들이 구원을 받도록 도움을 주는 것에 초점을 맞추고 있습니다. 이를 위해 이 두 성사는 성사를 받는 이들에게 매우 특별한 축성을 부여하여 그들의 신분에 따라 주어지는 구체적인 의무들을 수행하게 합니다(「가톨릭 교회 교리서」 1534-1535항 참조). 나머지 두 성사는 치유의 성사로 불립니다. 구체적으로 지속되는 그리스도의 치유 활동을 겨냥하고 있기 때문입니다. 이처럼 각 성사의 궁극적 목적은 치유와 성화聖化이지만, 화해의 성사는 구체적으로 치유와 성화를 위한 두 성사 중 하나입니다.

> 우리 영혼과 육체의 의사이시며, 중풍 병자의 죄를 용서해 주시고 육체의 건강을 회복시켜 주신 주 예수 그리스도께서는 교회가 성령의 힘으로 그 치유와 구원 활동을, 당신의 지체까지도 대상으로 하여, 계속해 주기를 바라셨다. 이것이 치유의 두 가지 성사, 곧 고해성사와 병자성사의 목적이다.
>
> 「가톨릭 교회 교리서」, 1421항

나는 이 구절을 무척 좋아합니다. 그리스도의 이미지를 냉혹한 판사가 아니라 우리의 영혼과 육체 모두를 치유할 권위와 능력을 지닌 훌륭한 의사로 제시하고 있기 때문입니다. 이 구절은 복음서에 등장하는 멋진 일화를 언급합니다. 중풍 병자의 친구들이 예수님 앞으로 병자를 데려가려 했으나 몰려든 군중 때문에 그럴 수 없자, 단념하지 않고 예수님이 설교하고 계신 곳 지붕에 구멍을 뚫어 병자를 내려 보냈습니다. 물론 그들은 예수님께서 마비된 육체를 고쳐 주시리라 기대했습니다. 하지만 예수님은 먼저 병자의 죄를 용서하시고 나서 그의 몸을 고쳐 주셨고, 이를 본 사람들은 모두 놀라워합니다(마르 2,3-5 참조).

이 일화에는 배울 것이 많습니다. 예수님의 행동 두 가지는 서로 무관하지 않습니다. 그 행동들은 모두 예수님께서 '우리 영혼과 육체의 의사'로서 행하신 것입니다. 이로써 예수님은 육체적 질병이 영적 질병과 관련된 경우가 많다는 것과 죄가 매우 현실적인 의미에서 우리를 마비시킬 수 있다는 것을 강조하십니다. 그리스도께서 그 중풍 병자의 죄를 용서하신 것은, 육체적 마비까지 치료되었을 때 실현되는 완전한 치유를 향한 필수적 첫 단계로 볼 수 있습니다. 「가톨릭 교회 교리서」(1502항, 1503항 참조)에서는 이에 대해 다음과 같이 기술하고 있습니다.

> 하느님의 용서는 치유의 시발이 된다. … 예수님께서는 인간의 영혼과 육신을 모두 고쳐 주려고 오셨다. 그분께서는 병자들에게 필요한 의사이시다.

자, 이제 더 앞으로 나아가기 전에 두 가지 흔한 오해를 명확히 해결해야 하겠습니다. 첫 번째는 육체의 병과 죄의 관계에 관한 오해입니다. 영혼과 육체는 실제로 연결되어 있습니다. 앞서 언급했듯이, '육체의 질병은 영적 질병과 관련된 경우가 많습니다.' 하지만 그렇다고 해서 몸이 아픈 것이 언제나 죄 때문인 것은 아닙니다. 날 때부터 눈먼 사람을 극적으로 치유해 주신 다른 일화에서 그리스도께서는 이러한 사실을 분명히 하셨습니다. 예수님의 제자들이 날 때부터 눈먼 사람 곁을 지나가다가 누구의 죄 때문에 그 사람이 그렇게 되었는지를 예수님께 여쭈었습니다. 제자들 또한 모든 병이 누군가의 죄 때문에 생긴 것이라고 주장하는 라삐들의 경직된 가르침에 크게 영향을 받았던 것입니다. 예수님은 이 그릇된 가르침을 물리치십니다. 질병은 반드시 죄에 의한 것이 아닐 뿐더러, 하느님의 계획과 목적의 일부로서 사람이 병에 걸리기도 하고 치유되기도 하는 것임을 분명히 밝히셨습니다.

> 제자들이 예수님께 물었다. "스승님, 누가 죄를 지었기에 저이가 눈먼 사람으로 태어났습니까? 저 사람입니까, 그의 부모입니까?" 예수님께서 대답하셨다. "저 사람이 죄를 지은 것도 아니고 그 부모가 죄를 지은 것도 아니다. 하느님의 일이 저 사람에게서 드러나려고 그리된 것이다."
>
> 요한 9,2-3

그런 다음 예수님은 그 남자를 치유해 앞을 보게 하십니다. 그전에 예수님은 당신이 "세상의 빛"(요한 9,5)이라고 선언하셨습니다. 앞이 보이지 않는 사람의 육체를 치유하신 것은 그리스도께서 세상의 빛이심을 입증하며, 눈먼 우리의 영혼에 광명과 치유를 주시려는 그리스도의 능력과 의도를 상징적으로 계시합니다.

두 번째는 치유와 치료 사이의 중요한 구분과 관련된 오해입니다. 성경에는 극적으로 육체가 치유된 사례들이 많이 나오고 있기 때문에 우리는 모든 치유가 육체적 치료를 수반한다고 생각하기 쉽습니다. 하지만 이는 잘못된 생각입니다. 그리스도께서 만지시면 늘 치유가 일어납니다. 특히 그분께서 '우리를 치유하려고 끊임없이 만지시는' 성사를 통해 우리는 치유됩니다. 때로는 앞서 본 사례들처럼 그리스도의 치유에 육체적 치유도 포함됩니다. 하지만 그분의 주된 관심은 늘 우리의 영적 질병, 즉 죄에서 비롯한 도덕적 참상에 있습니다. 그리스도께서 항상 구체적인 질병을 치료하시는 것은 아닙니다. 그분은 고통을 겪고 있는 이들에게 치유의 사랑을 주시지만, 늘 그들의 고통을 경감해 주거나 질병을 치료해 주시는 것은 아닙니다.

> 이렇게 많은 고통에 마음이 움직이신 그리스도께서는 병자들이 당신을 만지도록 허락하실 뿐 아니라, 그들의 불행을 당신의 불

행으로 여기신다. "그분은 우리의 병고를 떠맡고 우리의 질병을 짊어지셨다."(마태 8,17) 예수님께서 모든 병자를 다 고쳐 주신 것은 아니다. 예수님의 치유 행위는 하느님 나라가 도래했다는 징표들이었고, 더 근본적인 치유, 곧 당신 파스카를 통한 죄와 죽음에 대한 승리를 예고하는 것이었다.

「가톨릭 교회 교리서」, 1505항

그리스도께서는 죄와 도덕적 질병 사이의 관계를 강조하시면서 당신 활동을 영적 치유와 동일시하셨습니다. 죄인들과 어울린다며 바리사이들이 예수님을 비난했을 때 그분은 이렇게 응답하셨습니다.

튼튼한 이들에게는 의사가 필요하지 않으나 병든 이들에게는 필요하다. … 나는 의인이 아니라 죄인을 부르러 왔다.

마태 9,12-13

의사이신 그리스도의 이미지는 「가톨릭 교회 교리서」 전체에서 계속 반복해 등장하며, 특히 화해의 성사를 통한 그리스도의 치유 활동에 연결됩니다.

그리스도께서는 당신을 필요로 하는 병자 한 사람 한 사람에게 정성을 기울여 고쳐 주시는 의사이시다.

1484항

성녀 파우스티나 또한 고해성사에 관한 가르침에서 이 성사가 지닌 치유의 본질을 강조하고 그 목적과 효과에 관한 추가 통찰들을 제시합니다. 성녀는 우리가 고해성사를 받아야 하는 이유가 두 가지라고 말합니다.

우리는 치유받기 위해 고해성사를 받는다. 우리는 교육받기 위해 고해성사를 받는다. 어린아이가 그러하듯 우리 영혼은 끊임없이 교육받아야 한다.

「일기」, 377

파우스티나 성녀가 말하는 고해성사의 목적과 효과는 치유와 교육입니다. 죄와 용서는 언급조차 하지 않았습니다. 왜 그랬을까요? 성녀는 죄가 우리에게 상처를 입힌다는 것과, 죄를 용서받은 뒤에도 우리는 여전히 상처받은 채 혼란스럽고 영적으로 나약한 상태에 있다는 것을 잘 알았기 때문입니다. 죄의 용서는 우리 구원에 절대적으로 필요합니다. 그것이 바로 고해성사를 받아야 하는 이유입니다. 그러나 죄의 용서가 고해성사의 유일한, 또는 최종 목적은 아니라는 점을 이해할 필요가 있습니다. 죄의 용서는 전체 과정에서 반드시 밟아야 할 첫 단계일 뿐입니다. 이미 「가톨릭 교회 교리서」(1502항)에서 보았듯이 '용서는 치유의 시발이 됩니다.' 고해성사를 당장 죄를 '고쳐 주는' 마법 주문처럼 여기는 시각은 버려야 합니다.

> 이런, 또 죄를 짓고 말았네. 아… 그래, 고해소에 가서 신부님에게 죄를 모두 털어놓으면 돼. 신부님이 사죄경을 외우고 축복해 주시겠지. '휘리릭!' 죄도 모두 용서되고. 자, 그럼 나는 다시 완전히 회복되는 거야.

하지만 그것만으로 나는 완전히 회복되지 않습니다! 여러분도 마찬가지입니다. 죄를 용서받는 것만으로는 충분하지 않습니다. 우리에게는 여전히 상처가 남아 있고 이해가 부족한 탓에 더 이상 죄짓는 일을 피하기 어려운 탓입니다. 고해성사는 속성 치료를 위해 마련된 것이 아닙니다. 고해성사는 우리가 똑같은 죄의 버릇에 빠지는 일을 되풀이하지 않도록 우리의 성장을 돕는 치유와 교육의 과정입니다.

아마도 처음 고해성사 보는 법을 배울 때 교육이 그 과정의 일부라는 것을 말해 주는 사람이 없었을 것입니다. 성 요한 바오로 2세 교황은 고해성사를 '조명의 성사 … 완덕으로 향한 길을 밝히는 소중한 빛'[7]이라고 말했습니다. 교황 베네딕토 16세는 더 구체적으로, 사제는 단지 사죄赦罪를 선언하기 위해 그 자리에 있는 것이 아니라 '아버지, 영적 안내자, 스승, 교육자의 역할을 맡도록 부름받은 것'[8]이라고 했습니다. 나는 한 오래된 성가의 가사가 그리스도께서 고해성사를 통해 우리에게 하시고자 하는 바를 가장 잘 표현한 것 같습니다.

> 내 영혼아 찬양하라, 하늘의 임금님
> 그분 발아래 공물을 바쳐라.
> 풀려나고, 치유되고, 회복되고, 용서받았으니
> 늘 그분을 찬양하며 노래 불러라.

'풀려나고, 치유되고, 회복되고, 용서받았다.' 이것이야말로 고해소에서 우리에게 일어나는 일입니다. 풀려난다는 말은 무슨 뜻일까요? 우리는 납치되어 감금되어 있었던 것입니다. 죄의 포로가 되어 어둠의 왕국에 갇혀 있었습니다. 그리스도께서 십자가에 달리시어 성부께 우리 몸값을 치르셨습니다. 우리 죄에 합당한 벌을 그분께서 받으시고 당신 자신의 수난을 우리의 죗값으로 성부께 바치심으로써 우리를 위한 용서를 받아 내시고 구해 내신 것입니다. 그러나 우리는 여전히 상처가 있고 나약합니다. 우리는 건강, 힘, 순결, 하느님을 닮은 모습까지 많은 것을 잃었으므로 용서는 물론이고 치유되고 회복되어야 합니다. 「가톨릭 교회 교리서」는 죄의 효과와 그로부터 우리를 회복시키고자 하시는 예수님의 열망을 명확하게 설명합니다.

> 죄와 죽음으로 그 모습이 손상되기는 했지만, 인간은 여전히 '하느님의 모습', 성자의 모습을 지니고 있다. 그러나 인간은 '하느님의 영광을 상실하였으며', 그 '유사성'을 잃어버렸다. … 성자께서는 '인간의 모습'을 취하시어 그 '영광', 곧 만물을 '살리시는' 성령을 주시고 성부에 대한 '유사성'을 회복시켜 주실 것이다.
>
> 705항

죄를 지을 때 우리는 스스로에게 상처를 입힙니다. 자기 자신의 모습을 손상하는 것입니다. 그래서 우리가 하느님과 같은 모습으로 창조되었음에도 더 이상 그분을 닮지 않게 됩니다. 우리는 그분처럼 보이지도, 생각하지도 않으며, 행동하지도 않습니다. 예수님은 우리가 다시 아버지 하느님을 닮을 수 있도록 우리를 회복시켜 주려고 하십니다. 어떻게 우리를 회복시키실까요?

바로 화해의 성사를 통해서입니다. 예수님께서 성녀 파우스티나에게 말씀하시기를, 가장 큰 기적들은 고해소에서 일어나며, 회복되지 못할 죄인은 아무도 없다고 했습니다.

> 만약 영혼이 썩어 가는 육체와 같다면 인간의 입장에서 보기에 회복의 희망도 없고 모든 것은 이미 상실되었겠지만, 하느님에게는 전혀 그렇지 않다. 하느님 자비의 기적은 그 영혼을 완전히 회복시킨다.
>
> 「일기」, 1448

고해성사의 첫 번째 비밀에서 언급했듯이, 하느님의 초점은 우리의 죄가 아니라 그분과 우리의 관계입니다. 하느님은 우리의 고통과 상처에 집중하십니다. 그분은 죄가 무엇인지 아십니다! 그분은 죄가 곧 고통이며 질병임을 아시고, 우리를 치유하고 잃어버린 모든 것을 회복하길 원하십니다.

성경의 되찾은 아들의 비유를 살펴봅시다. 아버지에게서 멀리 떠난 아들은 상속받은 재산을 탕진하고 모든 것을 잃고 맙니다. 결국 심한 가난과 굶주림에 시달립니다. 이렇게 물질적으로 빈털터리가 된 현실의 표면 아래에는 훨씬 더 큰 비애, 즉 '품위를 잃은 비애, 아들의 실추된 신분에 대한 각성'이 자리하고 있습니다

(『자비로우신 하느님』, 5항). 처음에 아들은 단지 굶주림과 가난 때문에 아버지에게 돌아가기로 결정한 듯 보입니다. 그런데 성 요한 바오로 2세 교황은 그 동기에 아들로서의 품위를 잃었다는 '깊은 상실감이 깃들여 있다.'[9]고 설명합니다. 이 아들은 아버지를 제멋대로 거부한 자신의 죄 때문에 이제 아버지의 아들이 될 자격을 잃었습니다.

"아버지, 제가 하늘과 아버지께 죄를 지었습니다. 저는 아버지의 아들이라고 불릴 자격이 없습니다."

루카 15,21

하지만 아버지가 달려와 그를 껴안자, 아들은 비로소 자비가 정의를 넘어선다는 것을 깨닫습니다. 그것은 사랑받을 자격이 없는 이들에게 쏟아부어지는 사랑입니다.

정의의 엄밀한 규범, 엄밀하고도 흔히 너무 편협한 규범을 능가해야 할 필요가 생겼을 때에 사랑이 자비로 변모되었음이 분명합니다.
이 사랑은 모든 탕자에게 미칠 수 있고, 비참한 모든 인간에게 미칠 수 있습니다. 그 사랑이 미칠 때에 자비의 대상이 된 사람은 모멸감을 느끼는 것이 아니라 자신을 다시 찾았고 '가치를 되찾았다'는 느낌을 갖습니다.

「자비로우신 하느님」, 5항; 6항

이것이 정말 하느님께서 원하시는 것이라면, 하느님께서 우리 죄에 초점을 맞추시는 것이 아니라 우리의 치유와 회복을 원하신다면 왜 우리는 죄를 고백해야 할까요? 그것은 하느님께서는 우리를 자유로운 존재로 창조하셨기 때문입니다. 하느님은 우리에게 그 어떤 것도, 심지어 그분의 사랑과 용서와 치유조차 강제하지 않으십니다. 그러나 우리는 아프면 의사에게 가야 합니다.

그리스도교 신자들이 기억나는 모든 죄를 고백하려고 애쓸 때, 자비로우시며 용서하시는 하느님 앞에 그 죄들을 모두 내놓는 것임은 의심할 여지가 없다. 이와는 달리 그중 몇몇을 고의로 숨기는 사람들은 사제를 통하여 용서해 주실 선하신 하느님께 아무것도 제시하지 않는 것이 된다. 만일 환자가 부끄러워서 자신의 상처를 의사에게 감춘다면, 의사는 알지 못하는 것을 치료할 수 없기 때문이다.

「가톨릭 교회 교리서」, 1456항

아마도 바리사이와 세리의 이야기가 이를 가장 잘 보여 줄 것입니다(루카 18,9-14 참조). 겸손한 마음을 지닌 세리는 자신이 죄인임을 알고 있습니다. 그는 자신이 병들었음을 알고 주님께 자비를 청합니다. 그러나 자부심으로 가득한 바리사이는 자신이 건강하다고 생각합니다.

"의사 선생님, 저는 기분이 아주 좋습니다. 저 불쌍한 세리처럼 아프지 않아서 정말 다행이라니까요."

오만과 자만에 눈먼 바리사이는 자기 영혼의 불쌍한 처지를 알아보지 못합니다. 그는 자신이 병든 사실을 모르기에 자신에게 필요한 것을 표현하지도 못하고 치유받을 수도 없습니다. 교황 베네딕토 16세는 삼종 기도 훈화에서, 이렇게 도덕적으로 눈먼 상태가 고해성사를 통해 그리스도께서 우리에게 주고자 하시는 치유를 어떻게 가로막는지 매우 강력한 가르침을 주었습니다. 앞서 우리가 본, 그리스도께서 날 때부터 눈먼 사람을 치유해 주시는 복음을 언급하면서 베네딕토 16세 교황은 다음과 같이 설명합니다.

예수님은 이 눈먼 이를 치유하시고 예수님이 이 세상에 오신 것은 심판하기 위해서, 즉 자신이 건강하다고 생각하기 때문에 치유받기를 허락하지 않는 이들로부터 치유받을 수 있는 눈먼 이들을 갈라놓기 위해서임을 밝히십니다. … 우리는 예수님께서 우리를 치유하시도록 허락합시다. 예수님은 우리에게 하느님의 빛을 주실 수 있으시고, 또한 주시기를 원하십니다! 우리는 우리가 눈멀었음을 고백합시다.[10]

「가톨릭 교회 교리서」에서도 간결하게 표현하고 있습니다.

고해성사에서 우리는 그리스도를 통해 치유받는다.

1458항

단지 죄를 고백하고 용서받기 위해 고해소에 간다면 하느님께서 우리가 체험하기를 원하시는 경험을 우리 스스로 제한하는 것입니다. 그러나 우리가 죄는 물론이고 병들고 깨진, 상처 입은 우리의 비참한 상황까지 모두 고백한다면 죄를 용서받을 뿐 아니라, 아버지 하느님의 자녀로 회복되는 깊은 치유의 과정이 시작됩니다. 아버지의 품에 안긴 탕자의 모습만큼 고해성사의 의미를 강력하게 표현한 이미지는 없는 것 같습니다. 고해성사는 우리의 참상이 아버지 하느님의 자비를 만나고, 그리하여 그분 품

안에서 모든 것이 회복되는 순간입니다.

세 번째 비밀

당신의 죄는
나의 죄와 다르다

많이 주신 사람에게는 많이 요구하시고,
많이 맡기신 사람에게는 그만큼 더 청구하신다.

루카 12,48

고해성사 전에 하는 양심 성찰은 내게 무척 쉬운 일이었습니다. 부모님이 우리 형제를 도덕적으로 양육하셨고 스스로 좋은 모범을 보여 주신 덕분에 나의 양심은 잘 형성되었고 나는 옳고 그름에 대해 건전한 의식을 지녔습니다. 초·중등학교의 CCD 수업과 고등학교의 신학 수업에서, 나는 십계명을 알게 되었고 교회의 기본 가르침들도 배웠습니다. 당시에 나는 죄를 나쁜 행위라고만 생각했으므로, 고해성사는 단지 마음속으로 내가 행한 잘못들을 인지하고 대죄와 소죄로 나누는 단순한 과정이었습니다.

그러나 죄가 단순히 나쁜 행위가 아니라 하느님의 사랑을 거부하는 것이라는 사실과 고해성사가 단지 용서뿐 아니라 치유에 관한 것이라는 사실을 한번 깨닫고 나자 모든 것이 달라졌습니다. 이후 양심 성찰은 더 복잡해졌고, 그래서 훨씬 더 유익해졌습니다. 죄 목록에는 여전히 잘못한 행위들이 포함되었지만, 하느님과의 관계에서 그릇된 것으로 보이는 것은 무엇이든 깊이 생각해 보았습니다. 일상을 더 깊이 들여다보고 스스로에게 어려운 질문도 던졌습니다.

생활의 어떤 부분에서 평화롭지 못했나? 어디에서 화가 나고, 침체되고, 낙담하고, 불안하고, 비통하고, 분개하나? 어느 지점에서 나 자신에게만 지나치게 초점을 맞추고 있나? 생활과 생각과 욕망의 어느 부분들을 주님이신 예수님께 아직 내어 드리지 못하는가? 예수님께 이야기하고 싶지 않은 것은 무엇인가? 하느님께서 내가 하기를 바라시는 일에 어떤 식으로 응답하지 않고 있나?

스스로 이런 질문들을 던지기 시작하자, 점차 데이비드 나이트 신부가 나쁜 행위의 '뿌리', 곧 죄의 뿌리라고 말한 것이 무엇인지 알 수 있었습니다.

"… 왜곡된 태도, 거짓된 가치, 그릇된 우선순위, 통제되지 않는 식욕, 또는 파괴적인 욕망."[11]

죄에 대한 인식이 깊어질수록 나는 죄가 언제나 똑같다는 오해에서 벗어나게 되었습니다. 그릇된 행동이라고 하면 언제나 그릇된 행동이었습니다. 교회에서 소죄로 분류했다면 그 행동은 언제나 소죄이고 대죄로 분류한 것은 언제나 대죄였습니다. 그 행동을 한 사람이 누구인지, 왜 그런 행동을 했는지, 어떤 상황과 환경에서 그랬는지는 전혀 문제 삼지 않았습니다. 죄는 죄일 뿐이었습니다. 그렇지 않습니까?

전혀 그렇지 않습니다! 물론 교회의 죄의 분류는 중요합니다. 올바른 양심을 형성하고, 우리 삶에서 문제가 되는 부분들을 인지하는 데 큰 도움을 줍니다. 그러나 죄에 관한 교회의 가르침은 행위를 분류하여 엄격하게 정렬해 놓은 규칙 체계를 뛰어넘습니다.

물론 본질적으로 악한 행동이 있고, 진리는 상대적이지 않습니다. 시간이나 상황에 따라 진리는 변하지 않습니다. 어떤 행동이 그릇되었다면 그것은 항상 그릇된 행동입니다. 그러나 모든 이에게 죄가 똑같지는 않습니다. 나에게 죄가 되는 것이 여러분에게는 죄가 되지 않을 수도 있고, 나에게 대죄인 것이 여러분에게는 소죄에 그칠 수도 있습니다. 이것이 이해되지 않는다고 해서 너무 놀라거나 걱정하지는 마십시오. 자신을 사자들에게 던져 주려고 하지도 마십시오. 계속해서 나와 함께 교회의 가르침을 좀 더 들여다봅시다.

「가톨릭 교회 교리서」는 제3편 제1부 제8절에서 죄에 관한 가르침을 제시하는데 그 첫머리에서 죄에 관한 기본적인 사실을 우리에게 상기시킵니다. 죄는 실재하고, 우리는 모두 죄에 대해 책임이 있으며, 죄의 효과는 너무도 치명적이어서 그리스도께서 죄로부터 우리를 구하기 위해 돌아가셔야만 했습니다. 또한 그리스도의 구원 활동의 혜택을 받기 위해 우리는 잘못을 인정하고 죄로 고백해야 합니다.

> 우리가 하느님의 자비를 받으려면 우리 죄를 고백해야 한다. "만일 우리가 죄 없다고 말한다면, 우리는 자신을 속이는 것이고 우리 안에 진리가 없는 것입니다."(1요한 1,8)
>
> 1847항

우리가 죄를 인정하지 못하는 원인 중 하나는 하느님을 인정하지 않는 것입니다. 우리는 세계화된 사회에서 살아가고 있는데, 이 사회의 문제는 사람들이 하느님을 믿지 않는다는 것이 아니라, 많은 '독실한' 그리스도교 신자들조차 일상에서 하느님을 간단히 무시하고 있다는 것입니다. 성 요한 바오로 2세 교황은 이렇게 말했습니다.

> 죄를 짓는다는 것은 하느님을 단순히 거부하는 것만을 뜻하지는 않게 됩니다. 죄를 짓는다는 것은 그분께서 계시지 않는 듯이 사는 것을 의미하며, 매일의 삶에서 그분을 제거시키는 일을

뜻합니다.

「화해와 참회」, 18항

성 요한 바오로 2세 교황은 이러한 사회에서 사는 결과로 우리가 '점차 죄에 대한 감각을 상실하게 된다.'고 설명합니다. 하느님과의 관계를 비인격화함으로써 우리는 자기 행동에 대한 인격적 책임을 점차 인식하지 못하게 됩니다. 죄는 실재합니다. 우리 모두가 죄를 짓습니다. 그리고 우리가 죄를 짓는 때는, 하느님에게 등을 돌리거나 그분의 존재가 우리 삶과 아무 관계도 없다는 듯 살아갈 때입니다. 우리는 자신이 하는 모든 행동이 하느님과의 관계를 강화하거나 약화한다는 사실을 깨달아야 합니다.

죄를 이해할 때 염두에 둘 것은, 하느님과 맺는 너무나 인격적인 일대일 관계입니다. 인격이 없다면 죄도 없습니다. 이에 대해 잠시 생각해 봅시다. 죄를 지으려면 한 인격person이 있어야 합니다. 또한 모든 죄는 우리가 제각기 부름받은 하느님과의 구체적이고 고유하며 친밀한 관계를 인격적으로 거부하는 것입니다. 오직 행위에 초점을 맞춰 죄를 단지 나쁜 행위로 보고 대죄와 소죄로 나누는 분류 체계에 기초하여 판단한다면 우리는 더 깊은 차원의 현실을 놓치고 맙니다. 우리가 죄를 비인격화할 수는 없습니다. 우리는 언제나 하느님과 맺는 인격 대 인격의 관계에 중심 초점을 맞추어야 합니다.

그렇다면 구체적 행위들을 대죄나 소죄로 규정하고 서로 다른 무게를 부여함으로써 우리가 어떤 행동들은 '경미한' 죄로 여기고 다른 행동들은 '중대한' 죄로 여기게 하는 교회의 가르침은 그릇된 것일까요?

물론 그렇지 않습니다. 교회가 우리를 위해 안내자로서 죄를 분류해 제시한 것은 옳습니다. 특히 우리의 양심 형성과 옳고 그름에 대한 명확한 감각 발달 면에서 그러합니다. 하지만 이것은 단지 시작점에 지나지 않습니다. 우리는 규칙 뒤에 무엇이 있고, 규칙이 왜 우리에게 주어졌는지 이해할 필요가 있습니다. 또한 하느님과의 관계 안에서 우리는 누구이고 어떤 존재가 되도록 부름받았는지, 규칙들은 어떻게 직접 연결되는지도 이해해야 합니다. 이처럼 보다 깊은 이해 없이 규칙에만 얽매이면 하느님을 잊어버린 채, 외골수 율법주의자가 되어 행위만 생각하며 하느님을 우리에게 벌이나 상을 주는 분으로만 여기게 됩니다.

우리의 생각은 이런 식입니다. '아, 이건 그냥 소죄일 뿐이야. 그렇게 중대한 죄는 아니니까 하느님도 그렇게 화를 내지는 않으실 거야. 하지만 다른 행동은 대죄이고 그러니까 당연히 무거운 벌을 받겠지.'

이런 식으로 행위 자체의 옳고 그름만 생각하고, 개인의 인격과 특정 상황을 고려하지 않으면 교회의 가르침 중에서 가장 중요한 부분을 놓치게 됩니다. 하나의 행동은 그것이 무엇이냐(그리고 그에 합당한 벌이 무엇이냐)가 아니라, 무엇을 하느냐에 따라 대죄나 소죄가 됩니다.

죄에 대한 이러한 이해야말로 정말로 중요합니다! 하느님은 우리 마음에 그분의 사랑을 쏟아부어 주셨습니다. 그리고 우리는 그 사랑 안에 살며 우리의 행동(자선)을 통해 그 사랑을 표현하도록 부름받았습니다. 교회는 각각의 소죄가 우리 안에 있는 이 사랑에 상처를 내고 약화시킨다고 가르칩니다. 그러나 대죄는 단순히 상처를 내는 것이 아니라 완전히 파괴합니다(『가톨릭 교회 교리서』, 1855항 참조).

이것은 그저 추상적인 신학 가르침이 아니라, 매우 실제적인 현실입니다! 우리가 중대한 죄에 빠질 때면 스스로 참을성을 잃고 다른 사람들을 덜 사랑하고 더 판단하며 냉담해진다는 것을 스스로 발견하지 않습니까? 그렇습니다! 여러분 마음속에 있던 사랑이 파괴된 것입니다!

그러면 치명적인 대죄의 요인은 무엇일까요? 세 가지가 있습니다.

1. 해당 행동이 하느님께서 내 마음에 두신 사랑을 죽이고 나를 그분에게서 갈라놓기 때문에 내 영혼에 치명적인 영향을 끼치는 중대한(매우 심각한) 위반이다.
2. 내가 그 행동이 얼마나 중대한지, 얼마나 하느님의 법에 반하는지를 안다.
3. 이렇게 완전한 인식이 있음에도, 내가 그 행동을 하기로 인격적이고 의도적인 선택을 한다.

「가톨릭 교회 교리서」, 1857항 참조

하느님의 법에 대한 '중대한 위반'을 나에게 치명적인 죄로 만드는 것은 하느님께 응답하기를 거부하고 의도적으로 그분의 의지를 심각하게 거스르려고 하는 나의 의지입니다.

하지만 이러한 설명을 오해해서는 안 됩니다. 대죄를 짓는다는 것이 반드시 구체적으로 하느님의 뜻을 거스르려는 데 초점을 맞추고 있다는 의미는 아닙니다. 사실은 나의 '감추어진', 어쩌면 더 깊은 죄란 하느님께 전혀 초점을 맞추지 않는다는 것일 수도 있습니다. 나는 그저 내가 하고 싶어 하는 것에 초점을 맞춘 채, 아무 죄책감 없이 내가 원하는 목표를 추구할 수 있도록 편리한 대로 하느님을 마음에서 밀어내 완전히 잊어버릴 수도 있습니다.

죽을죄는 사람이 어떤 이유에서든지 분명히 알고 의도적으로 어떤 중대하게 무질서한 것을 선택할 때에도 성립하는 것입니다. 실상 그런 선택 속에는 하느님의 법을 경멸하는 태도와, 인간과 전 창조계에 대한 하느님의 사랑을 거부하는 자세가 이미 들어 있습니다.

「화해와 참회」, 17항

우리의 사랑할 수 있는 능력은 하느님과의 관계에 달려 있습니다. 하느님과 더 가까이 일치할수록 나는 더 그분처럼 행동할 수 있고, 더 그분같이 사랑하게 됩니다. 내가 하느님의 법을 거부하기로 선택할 때, 그분 의지에 따르지 않는 일을 하려고 선택할 때 그분과의 관계는 언제나 악화됩니다. 정도는 매번 달라져도, 내가 그분에게 등을 돌리고 멀어져서 내 안에 있는 그분의 선하심으로부터 나를 갈라놓기 때문입니다.

그러므로 내 죄의 심각함을 성찰할 때, 이 행동이 목록의 어디쯤에 있는지 볼 것이 아니라 먼저 나 자신에게 물어야 합니다. "내 안에 하느님이 넣어 주신 사랑에 내가 얼마나 상처를 입혔나? 하느님과의 올바른 관계에서 내가 나 자신을 얼마나 갈라놓았는가?"

이에 대한 명확한 답을 얻기 위해서는 죄의 인격적 차원, 즉 하느님으로부터 의식적으로 돌아서서 멀어진 것에 대해 얼마큼 내 탓이며 죄에 대해 내가 얼마나 책임이 있는지를 숙고해야 합니다.

여러분은 아마도 '정상 참작'이라는 말을 들어본 적이 있을 겁니다. 교회 가르침에서 내가 저지른 중대한 죄에 대한 책임이나 귀책의 정도는, '고의가 아닌 무지, … 감성의 충동과 감정들, … 외부에서 오는 압력이나 병적인 장애'를 포함하는 다양한 사정들에 의해 '경감'될 수 있습니다. 그러므로 나에게 가장 큰 책임이 있는 죄는 나약함이 아니라 악의로 짓는 죄, 의도적으로 악을 선택하여 짓는 죄입니다(『가톨릭 교회 교리서』, 1860항).

이 모든 것이 의미하는 바는 무엇일까요? 한 사람의 행동이 그 자체로 중대한 죄라고 우리가 적법하게 판단할 수 있기는 하지만, 그 사람에 대한 판단은 하느님께 맡겨야 한다는 것입니다(『가톨릭 교회 교리서』, 1861항 참조).

우리가 본질적으로 중대하고 그릇된 행동을 할 경우에, 그것을 충분히 알면서 완전히 동의하여 그 행동을 하는지 아닌지는 오직 하느님만 아십니다. 나와 하느님 사이에 맺어진 사랑의 유대를 내가 얼마나 완전하고 의도적으로 거부하고 있는지는 오직 하느님만 판단하실 수 있습니다. 그 죄가 대죄인지 소죄인지는 오직 하느님만 정확히 판결하실 수 있습니다(『가톨릭 교회 교리서』,

1862항).

 그렇습니다! 이제야 우리는 마침내 이번 장의 주제에 접근하고 있습니다. 여러분의 죄는 나의 죄와 다릅니다. 내게 심각한 대죄인 것이 여러분에게는 경미한 소죄에 불과할 수도 있기 때문입니다. 반대로 여러분에게 대죄인 것이 내게는 소죄일 수도 있습니다. 우리가 똑같은 잘못을 저지를 수 있지만 그 행동에 대한 책임의 정도는 극명하게 다를 수 있습니다.

 하느님께서는 우리의 크고 작은 생각과 말과 행동 모두가 완전히 분명하게 보입니다. 하느님, 오직 하느님께서만 우리의 행동 하나하나를 둘러싼 모든 상황과 환경을 다 아십니다. 하느님은 우리가 행동할 때 우리 마음과 정신의 모든 것을 아십니다. 그러므로 저지른 죄에 대해 우리에게 얼마나 책임이 있고 그 죄가 얼마나 중대한지는 오직 하느님만 판결하실 수 있습니다.

 그런데 오직 하느님만 판결하실 수 있다면 나는 어떻게 옳고 그름을 판단할 수 있을까요? 영성체하기 전 고해성사를 먼저 받아야 하는 때를 내가 어떻게 알 수 있을까요? 내가 어떻게 내 양심을 완전하고 정확하게 성찰할 수 있을까요?

 앞서 언급했듯이, 교회의 가르침과 「가톨릭 교회 교리서」를 통해 교회가 우리에게 제시한 지침들은 훌륭한 출발점이 됩니다. 다만 나는 인격적 차원에서 하느님과 내가 함께 있는 곳이 어디인지를 성찰할 필요가 있습니다.

도움이 될 만한 한 가지 예를 들어 보겠습니다. 이 장 앞부분에서 하느님과 우리가 맺는 인격 대 인격의 관계에 늘 초점을 맞추어야 한다고 강조했습니다. 이 부분을 조금 더 깊이 살펴보겠습니다. 여러분이 밤중에 깼다가 다시 잠들지 못했는데, 그 시간을 기도하며 보내지 않았다고 해서 죄가 될까요? 물론 죄가 되지 않습니다! 밤중에 자다 깼다고 꼭 기도해야 한다는 계명이나 교회의 가르침은 전혀 없습니다. 고해소에 들어가서 밤중에 잠에서 깼는데 누군가를 위해 기도하지 않았다고 고백한다면 필시 사제는 머리가 둘 달린 사람을 보듯이 바라보면서 그것은 죄가 아니라고 말할 것입니다(그전에 몇 가지 질문을 던져 보는 게 바람직하겠지요).

하지만 내게는 그것이 죄가 되었을 때가 있었습니다. 그때까지 나는 잠을 자는 데 아무런 문제가 없었습니다. 그런데 어느 때부턴가 밤마다 잠에서 깼고, 다시 잠들기가 어려웠습니다. 왜 그러는지 알 수 없어서 어리둥절했고, 걱정되기 시작했습니다. 그것이 단지 신체의 문제가 아닌 듯했기 때문입니다. 뭔가 다른 이유가 있을 것 같았지만 그게 정확히 무엇인지는 알 수가 없었습니다.

이 문제를 나의 영적 지도자에게 말했더니, 그는 잠시 생각하고 조용히 내게 물었습니다. "비니, 이 일이 일어난 건 그 시간에 누군가를 위해 기도하라고 하느님께서 요청하시기 때문이 아닐까요?"

그 말을 듣자마자 그것이 옳다고 느껴졌습니다. 나는 그렇게 생각할 필요조차 없었지만, 지금 내가 잠을 설치게 된 것은 바로 그 때문이라고 완전히 확신하게 되었습니다. 그때 이후로 밤중에 잠에서 깰 때면 누구든 기도가 필요한 사람(나는 모르지만 하느님은 아실)을 위해 기도하기 시작했습니다. 그러고 나면 대체로 다시 잠이 들었고, 짜증이나 걱정 대신 평온함을 느낄 수 있었습니다.

만약 그 시간에 하느님께서 내가 기도하기를 원하신다는 것을 알면서도 기도하지 않았다면 그것은 내게 죄가 되었을 것입니다. 대죄인지 소죄인지는 내가 알 수도 없고, 신경 쓸 일도 아닙니다. 다만 내가 기도하지 않았다면 그것은 하느님께 응답하기를 직접적이고 의식적으로 거부한 것이었을 테고, 그것은 언제나 하느님과 나의 관계를 해치는 죄가 됩니다.

죄란 단순히 행동에 관한 것도 아니고, 규칙과 규제에 관한 것도 아니며, 모든 사람에게 똑같이 해당되지도 않음을 기억해야 합니다. 죄는 각 개인이 하느님과 맺고 있는 고유한 관계에 연결된 매우 인격적이고 특정한 문제입니다.

많이 주신 사람에게는 많이 요구하시고, 많이 맡기신 사람에게는 그만큼 더 청구하신다.

루카 12,48

하느님은 고유하고 구체적이며 인격적인 능력, 인식, 경험을 우리 각자에게 주셨고 우리가 그에 따라 행동하기를 요청하고 기대하십니다. 물론 하느님께서 우리 모두에게 공통으로 주신 것들도 분명 있으므로 계명과 교회의 가르침도 잘 지켜야 합니다.

그러나 하느님께서 여러분에게는 아니지만 나에게만 매일 요청하시는 많은 일들이 있습니다. 반대로 나에게는 요청하지 않으시고 여러분에게만 요청하시는 일들도 있습니다. 여러분과 내가 카드놀이를 하고 있다고 상상해 봅시다. 하느님은 딜러입니다. 하느님께서는 여러분에게 어떤 특정한 패를 주시고, 나에게는 그것과 다른 패를 주십니다. 하느님은 여러분이 내 패를 내놓기를 기대하지 않으시고, 또 내가 여러분의 패를 내놓기를 바라지 않으십니다. 하느님은 우리 각자가 하느님께서 주신 패를 가지고 카드놀이를 하길 바라십니다. 여러분이 한 쌍의 3을 받고 내가 네 개의 에이스를 받았다면 하느님은 내게서 훨씬 더 많은 것을 기대하실 것입니다.

거룩함을 향한 진정한 영적 성장을 위해 우리는 각자 고유한, 인격적이고 긍정적인 영성을 발전시켜야 합니다. 선과 악을 인식하고, 교만, 인색, 시기, 분노, 음욕, 탐욕, 나태처럼 중대한 죄로 이어지는 유혹이나 중독에 저항하는 것은 중요합니다. 그러나 내가 하지 말아야 하는 일들의 목록을 가지고 있는 것만으로는 충분하지 않습니다. 나는 더 깊이 들어갈 필요가 있습니다. 네, 하느님은 내가 악한 생각, 말, 행동을 하지 않기를 바라십니다. 하지만 하느님께서 다른 사람들에게는 요청하지 않으시고 내게 요청하시는 인격적이고 고유한 일들이 있습니다. 하느님과 우리의 관계에서 바로 이 인격적 차원이 빠져 있는 경우가 너무나 많습니다.

나는 일곱 자녀를 둔 아버지입니다. 나는 내 아이들을 모두 사랑합니다. 하지만 그저 '모두'를 사랑하는 것이 아니라, 아이들 '각각'을 사랑합니다. 나는 아이들 모두를 똑같이 사랑하지만, 아이들 하나하나를 다르게 사랑합니다. 각각의 아이는 완전하게 고유한 인격체입니다. 내가 아이들을 모두 똑같이 대하려고 한다면 끔찍한 일이 벌어질 것입니다. 나와 아이들 한 명 한 명은 다른 누구와도 전혀 다른 일대일의 인격적 관계를 맺으며 성장해 왔습니다.

고해성사의 첫 번째 비밀을 다루면서 나는 어째서 하느님이 우리의 창조주일 뿐 아니라 아버지가 되시는지에 관해 이야기했습니다. 그리고 여러분과 내가 단지 우연히 아무렇게나 창조된 피조물이 아니라는 것도 말했습니다. 하느님은 우리가 존재하도록 의도하셨고, 우리 아버지가 되시어 생명을 주셨습니다. 우리는 이것이 의미하는 바를 진정으로 이해해야 합니다. 여러분이 존재하는 것은 아버지 하느님께서 여러분을 자녀로 원하셨기 때문입니다. 여러분의 어머니와 아버지에게서 태어날 수 있었던 수백만의 다른 인격들을 미리 아시고 하느님은 여러분을 택하셨습니다. 그분은 여러분이 태어나기를 바라셨습니다. 그리고 이제껏 다른 누구를 사랑한 것과 다르게 여러분을 사랑하십니다. 그분은 여러분의 아버지가 되기를 원하시고, 여러분을 기쁨으로 가득 채우며 당신과 영원히 함께 머물 거룩함을 향한 인격적 여정으로 이끄십니다. 성경에서 이를 분명히 밝히고 있습니다.

> 모태에서 너를 빚기 전에 나는 너를 알았다(예레 1,5). 보라, 나는 너를 내 손바닥에 새겼다(이사 49,16). 나는 너를 영원한 사랑으로 사랑하였다(예레 31,3). 네가 나의 눈에 값지고 소중하다(이사 43,4). 너희의 머리카락까지 다 세어 두셨다(마태 10,30). 나는 너희 아버지가 될 것이다(2코린 6,18 참조). 너희가 온 마음으로 나를 찾으면 나를 만나게 될 것이다(예레 29,13 참조).

온 마음으로! 그리스도는 우리를 하나하나 부르시되, 단지 큰 죄를 짓지 말라고 하시는 것이 아니라, 온 마음으로 하느님을 찾으라고 하십니다. 삶의 모든 교차점에서, 크고 작은 모든 결정의 시점에서, 아버지 하느님은 내가 그 순간에 그분의 의지에 부합하여 응답할 수 있도록 그리스도를 통하여 성령의 권능으로 은총을 주십니다. 그렇게 응답하지 못하는 것이 죄입니다. 죄는 그분께서 나를 위해 선택하신 거룩함을 향한 인격적 경로에서 나를 떼어 내 멀어지게 합니다. 죄는 하느님이 나의 아버지가 되시는 것을 거부하는 것입니다.

결국 우리는 스스로 묻게 됩니다. '해야 할 것과 하지 말아야 할 것'을 기계적으로 지키며 평생을 살 것인가, 아니면 아버지 하느님의 인격적 사랑에 응답하여 매 순간 그분이 내게 요청하시는 바를 행하며 살 것인가?

사도 베드로가 '천국의 문'에서 여러분을 맞는다고 상상해 봅시다. 베드로는 선반에서 커다란 책을 꺼내 펼쳐 들고 여러분의 이름이 나오는 페이지를 찾습니다. 그리고 금세 얼굴이 환해져 여러분을 인정하듯 미소를 띠며 말하겠지요. "음, 유혹을 물리치고 중대한 죄를 피하면서 그런대로 잘 살았군요." 그러고 나서 다시 페이지를 넘기고 또 넘기면서 말을 잇습니다. "흠…" 그리고 슬픈 표정으로 여러분을 바라보며 말합니다. "그런데 하지 않은 일도 정말 많군요."

이런! 이 이야기를 하니 종종 미사 시작 때의 느낌이 떠오릅니다. 참회 예식 중 갑자기 튀어나와 나를 철썩 때리는 듯한 '콘피테오르'(confiteor, 고백하오니)라는 말이 있습니다. 사제와 신자들이 함께 죄를 고백하는 대목이지요. 우리는 이렇게 말합니다. "고백하오니, 생각과 말과 행위로 죄를 많이 지었으며, 자주 의무를 소홀히 하였나이다." 여기서 '의무를 소홀히 하였다'는 말을 깊이 생각해 본 적이 있나요? 고해성사를 준비하면서, 하지 못한 일에 대해 생각한 적이 몇 번이나 있습니까? 우리가 저지른 그릇된 행동을 찾아내고 인정할 때, 행하지 않은 선한 행동을 발견하고자 노력하기도 합니까?

데이비드 나이트 신부는 이렇게 썼습니다. "모든 죄는 단지 우리가 응답해야 하는 대로 응답하지 못한 것일 뿐이다."[12] 우리는 '하지 말아야 한다'는 말에 붙잡히기 쉽습니다. 그래서 주로 하지 말아야 하는 일에만 초점을 맞추며 최선을 다해 악을 피하고 좋지 못한 생각과 말과 행동을 삼가려고 합니다. 이것이 잘못된 것일까요? 물론 그렇지 않습니다. 하지만 순간순간 무엇을 해야 할지에 초점을 맞추려 애써야 하는 인식과 노력의 더 높은 차원이 있습니다. 달리 말하면, '하지 말아야 한다'는 계명들을 생각하기보다 '하느님께서 내가 무엇을 하길 원하실까? 그분을 기쁘게 하기 위해 나는 무엇을 할 수 있을까?'를 생각하는 것입니다.

이것은 훨씬 더 인격적인 일입니다. 하느님과 맺는 일대일 관계가 수반되기 때문입니다. 이를 통해 나는 외적 규칙들뿐 아니라 하느님께서 매 순간 나를 불러 행동을 요청하시는 내적 인식에 귀를 기울이고 응답하려고 노력합니다.

이번 장의 끝에 다다른 여러분, 축하합니다. 이번 장은 가장 어려운 장입니다. 다루어야 할 내용이 많으니까요. 어쩌면 이 책 전체가 이번 장의 주제를 다루기 위해 쓰였다고도 할 수 있습니다. 핵심은 이것입니다. 우리는 계명을 넘어서야 합니다. 단지 행위에만 초점을 맞출 것이 아니라 하느님께 인격적으로 응답하는 데 초점을 맞추어야 합니다. 우리는 예수님의 완전한 헌신을 본받아야 합니다. 예수님은 우리에게 말씀하십니다. "나를 보내신 분께서는 나와 함께 계시고 나를 혼자 버려두지 않으신다. 내가 언제나 그분 마음에 드는 일을 하기 때문이다."(요한 8,29)

우리는 저마다 순간순간 하느님께서 우리를 부르시는 방식대로 그분께 응답함으로써 '언제나 그분 마음에 드는 일을 하도록' 부름받았습니다. 그렇게 응답하지 않는 것이 죄입니다. 결국 중요한 것은 온 마음을 다해 하느님을 사랑하고 하느님을 찾는 것입니다. 단순히 죄를 피하는 것이 아니라, 만사에서 그분의 뜻을 실천하기를 갈망해야 합니다.

그렇습니다. 십계명을 지키고, 우리가 옳지 못하다고 알고 있는 것은 무엇이든 행하기를 피해야 합니다. 그러나 또한 우리는 카나의 혼인 잔치에서 성모님이 하신 말씀도 기억해야 합니다. "무엇이든지 그가 시키는 대로 하여라."(요한 2,5) 항상 이 말씀을 길잡이 삼아 끊임없이 인격적으로 거룩해져야 하겠습니다.

네 번째 비밀

고해는 정말로 은밀한 일이 아니다

네가 고해소에 갈 때면,
내가 그곳에서 너를 기다리고 있다는 것을 명심하여라.

파우스티나 성녀의 「일기」, 1602

사람들은 화해의 성사에 관해 많은 오해와 착각을 갖고 있습니다. 그런데 가톨릭 신자든 아니든 거의 모든 사람이 알고 있는 한 가지 사실은 고해성사가 고백자와 사제 사이에서 일어나는 극도로 은밀한 일이라는 것입니다. 사제가 고해소에서 들은 이야기는 어떠한 것도 발설하거나 이용해서는 안 된다고 하는 고해의 '봉인'은 오랜 세월에 걸쳐 대중에게 잘 알려졌고, 그에 관한 논의도 많았습니다. 「가톨릭 교회 교리서」에서는 다음과 같이 설명합니다.

교회는 고백을 듣는 모든 사제가 고백자에게서 들은 죄에 대해 절대 비밀을 지킬 의무가 있으며, 이를 어길 경우 매우 준엄한 벌을 받는다고 천명한다. 고해 사제는 고해를 통하여 고백자들의 삶에 대해 알게 된 것을 이용해서도 안 된다. 예외를 인정하지 않는 이 비밀을 '성사의 봉인'(고해 비밀)이라고 한다. 고백자가 사제에게 말한 것은 성사로 '봉인'되어 있기 때문이다.

1467항

전통적으로 고해소에서는 가림막을 사용하여 사제가 고백자를 볼 수 없게까지 함으로써 사제와 고백자 사이의 대화를 더욱 은밀하게 합니다. 가림막 없이 얼굴을 맞대고 하는 방식이 도입된 이후에도 고백자는 언제나 전통적인 방식을 택하여 '인코그니토'(incognito, 익명)으로 남을 수 있습니다.

기밀을 확실하게 유지할 수 있게 주의를 기울여 고해소를 설치하는 것은 언제나 중요한 고려 사항이었습니다. 고백의 내용이 바깥에서 들리는 상황이거나 고해성사가 건물의 트인 공간에서 이루어지는 경우에는 고백 내용을 다른 사람이 듣지 못하도록 확실한 조치를 취해야 합니다. 그러나 사실, 고해성사는 절대로 은밀하지 않습니다. 사제와 일대일로 나누는 대화는 둘 사이에서 엄격하게 비밀로 지켜지는 듯 보이지만, 여기에는 여러분이 알아야 할 것이 있습니다.

고해성사에는 언제나 귀 기울여 듣고 있는 다른 존재들이 있습니다.

강연 중에 내가 이 말을 하면 사람들은 충격을 받은 듯 놀란 표정을 짓습니다. 나는 그런 반응을 보는 것을 무척 좋아합니다. 사람들은 입을 크게 벌리고 눈을 크게 뜬 채 강한 부정의 의미로 고개를 젓습니다. 그러면 나는 웃으며 이렇게 말합니다. "좋아요, 이제 여러분의 주목을 끌었으니 설명을 이어 가겠습니다."

고해소에서 사제에게 이야기하는 것은 다른 누군가에게 이야기하는 것과 같지 않습니다. 사제는 여전히 여러분이나 저와 같은 한 개인일 뿐이지만, 스스로 고해 사제로서 행동하고 있는 것은 아닙니다. 그는 '그리스도로서'in persona Christi 행동하는 것입니다. 호세 고메스 대주교는 사목 서한에서 이렇게 설명합니다.

> 사제는 서품을 받아 그리스도의 사제직에 참여하는 신성한 권능을 부여받습니다. 사제는 성령의 기름 부음을 받고 새롭고 특별한 인호를 받아 머리이신 그리스도로서in persona Christi Capitis 행동할 수 있게 됩니다. 이는 고해소에서 사제가 하느님의 은총에 의해 그리스도의 그 음성으로 말한다는 것을 의미합니다. 그러니 고해소에서 우리가 듣는 것은 바로 우리 각자가 처한 개개의 환경에서 우리에게 말을 거시는 그리스도의 치유와 용서의 말씀입니다.[13]

『성체성사의 일곱 가지 비밀』에서 썼듯이, 사제는 성품을 통해 '단지 그리스도를 대표하는 권한을 부여받을 뿐 아니라, 유일하게 그리고 성사적으로 그리스도와 동일시'됩니다. 그러므로 고백 내용을 듣는 것은 단순히 사제 개인이 아닙니다. 고해성사를 보는 우리 영혼 안에서 활동하는 것은 사제가 아니라 그리스도이십니다. 성 요한 바오로 2세 교황은 이렇게 설명합니다.

> 화해의 성사에서 우리는 모두 그리스도를 인격적으로 만나도록 초대받았습니다.[14]

그는 바로 이것이 개개인의 고해성사가 그토록 필요한 까닭임을 강조합니다. 고해성사는 "십자가에 못 박히시고 우리를 용서해 주시는 그리스도, 성사의 집전자를 통하여 '네 죄는 용서받았다. 가거라. 그리고 다시는 죄짓지 마라.' 하고 말씀하시는 그리스도와 보다 인격적인 만남"[15]의 기회를 우리 한 사람 한 사람에게 제공하기 때문입니다. '그리스도와 인격적으로 만나는 것'은 무슨 뜻일까요? 나는 어릴 때 고해성사가 그리스도와의 인격적 만남이라고 배운 적이 없습니다. 그저 고해성사의 절차와, 죄를 지으면 고해성사를 봐야 한다고 배웠을 뿐입니다. 나는 예식과 규칙에 관한 것만 배웠습니다. 예수님을 인격적으로 만난다는 이야기는 들어 보지 못했습니다. 그러나 이것은 우리 모두가 알아야 할 가장 중요한 대목입니다. 라니에로 칸탈라메사 신부는 다음과 같이 설명합니다.

> 고해성사를 하나의 의식이나 습관, 혹은 교회법에 따른 의무가 아니라 부활하신 그리스도와의 인격적 만남으로 여기고 살 줄 알아야 합니다. 그분은 토마스 사도에게 허락하신 것처럼 우리도 그분의 상처를 만지고, 우리 자신 안에서 그분의 피가 지닌 치유의 힘을 느끼며 구원받은 기쁨을 맛볼 수 있게 허락하십니다.[16]

그리스도께서는 파우스티나 성녀에게도 이러한 사실을 분명히 밝히셨습니다.

> 네가 고해소에 갈 때면, 내가 그곳에서 너를 기다리고 있다는 것을 명심하여라. 나는 단지 사제에게 감추어져 있을 뿐, 네 영혼에서 활동하는 것은 바로 나다.
> 「일기」, 1602

성체성사처럼 고해성사 또한 강생하신 하느님과의 만남, 사람이 되신 말씀 곧 예수 그리스도와의 인격적 만남입니다. 고해소에서는 성체성사와는 다르지만 매우 실제적인 방식으로, 성체성사에서 받아 모시는 분과 똑같은 그리스도를 인격적으로 만나게 됩니다. 성체성사에서는 그리스도께서 빵과 포도주라는 형상 아래 감추어진 방식으로 우리에게 현존하십니다. 고해성사에서 그리스도는 사제 안에 감추어져 있습니다. 성체성사에서 사제가 하는 말을 통해 빵과 포도주를 축성하는 분이 실제로 그리스도이시듯, 고해성사에서 사제의 말을 통해 우리의 죄를 사해 주시는 분도 그리스도이십니다.

> 너는 내 앞에서 죄를 고백하는 것이다. 사제는 가림막일 뿐이다. 내게 쓰임을 받는 사제가 어떤 사제인지 따지지 마라. 고해성사에서는 내게 하듯 네 영혼을 열어라. 그러면 나는 네 영혼을 내 빛으로 채울 것이다.
>
> 「일기」, 1725

그러므로 고해소에서 우리는 절대 홀로 사제와 있는 것이 아닙니다. 그리스도께서 그곳에 우리와 함께하십니다.

여러분도 "그래, 물론이지! 그건 나도 알고 있다고."라고 생각할지도 모르겠습니다. 그런데 그것이 전부일까요? 사실 그리스도께서도 홀로 계시지 않습니다. 그분은 절대 홀로 계시지 않습니다. 그리스도가 계시는 곳이면 어디나 성부와 성령도 함께 계십니다. 삼위일체의 세 위격은 절대 분리될 수 없기 때문입니다.

『성체성사의 일곱 가지 비밀』에서도 이 진리를 설명하는 데 한 장 전체를 할애했었습니다. 여기서는 「가톨릭 교회 교리서」의 몇 구절만 간단히 인용하는 것으로 충분하겠습니다.

> 삼위는 한 하느님이시다. 세 신들이 아니라, 세 위격이신 한 분 하느님에 대한 신앙을 우리는 고백한다. … 그리스도인의 모든 삶은 이 삼위를 결코 분리하지 않으면서 각 위격과 친교를 이루어야 한다.
>
> 253항; 259항

마음이 올바르다면 우리는 단지 사제의 인격 안에서 그리스도를 경험할 뿐 아니라, 성체성사에서 받는 것, 즉 삼위일체 하느님의 그 생명을 고해성사에서도 받습니다. 이것이야말로 진정한 영적 영성체입니다. 우리는 하느님의 세 위격을 받고, 그분은 우리 마음 안에 머무르십니다. 파우스티나 성녀는 이렇게 썼습니다.

> 고해소에서 나올 때… 하느님의 현존이 나를 꿰뚫었고… 나는 하느님의 세 위격이 내 안에 머무심을 느꼈다. 아니, 알아차렸다.
>
> 「일기」, 175

파우스티나 성녀는 영성체에 대해서도 같은 내용을 언급했습니다.

> 아침에 영성체를 하고 나자 내 영혼은 삼위일체 하느님 안으로 빠져들었다. 예수님과 하나 되었을 때 성부와 성령과도 동시에 하나가 되듯이 나는 하느님의 세 위격과 하나가 되었다.
>
> 「일기」, 1073

「가톨릭 교회 교리서」는 이 내용을 다음과 같이 요약합니다.

> 하느님의 모든 계획의 궁극 목적은 모든 사람이 복되신 삼위일체 하느님과 완전한 일치를 이루게 하는 것이다. 그러나 이미 우리는 지극히 거룩하신 삼위를 우리 안에 모시도록 부름을 받았다.
>
> 260항

앞서 머리말에서 내가 어째서 고해성사와 영성체를 그토록 서로 다른 것이라고 느꼈는지를 이야기했습니다. 영혼에 중대한 죄를 지었음을 깨달을 때 나는 '영성체하기를 원하니까, 성사를 봐야 한다.'고 생각했습니다. 지금은 그러한 생각이 얼마나 어리석어 보이는지 모르겠습니다.

"아, 이런! 죄를 지었으니, 이제 삼위일체의 하느님과 인격적인 치유의 만남을 위해 나는 가야 한다. 성부와 성자와 성령의 다정한 사랑으로 정화되고 치유되고 용서받기 위해서."

'가야 한다?' 네, 가야 하지만 내게 지워진 의무로서 어쩔 수 없이 가야 하는 것이 아니라, 내게 주어진 멋진 기회이기에 가야 합니다! 고해성사는 믿기지 않을 만큼 멋진 선물입니다! 마음을 열고 이 선물을 받아들이기만 하면 나는 새로운 기쁨, 새로운 희망, 새로운 생명, 새로운 목적, 그리고 하느님이 나를 얼마나 사랑하시는지에 대한 새로운 인식으로 가득 찰 것입니다. 고해소에서 사제가 선언하는 사죄경에 삼위일체가 두 번이나 언급되는 것은 결코 우연이 아닙니다. 이는 성부 하느님께서 우리에게 성자 예수를 보내시고, 그 뒤에 성령을 보내시어 우리를 그분께로 다시 이끌고 계심을 강조하는 것입니다.

인자하신 천주 성부께서 당신 성자의 죽음과 부활로 세상을 당신과 화해시켜 주시고, 죄를 사하시기 위하여 성령을 보내 주셨으니, 교회의 직무 수행으로 몸소 이 교우에게 용서와 평화를 주소서. 나도 성부와 성자와 성령의 이름으로 이 교우의 죄를 사하나이다.

『가톨릭 교회 교리서』, 1449항

성 요한 바오로 2세 교황은 이 사죄赦罪의 순간에 거룩한 삼위일체가 실제로 현존하심을 오해할 수 없이 명확하게 설명하십니다.

"나도 …의 죄를 사합니다."라는 성사적 말씀과, 참회자 위에 내리는 안수 및 십자 성호는 자기 죄를 통회하고 회개한 죄인이 이 순간에 하느님의 능력과 자비를 얻게 됨을 보여 줍니다. 이 순간이야말로 참회자의 회개에 응답하여 성삼께서 현존하시어 죄를 씻어 내고 깨끗한 상태를 회복시켜 주시는 순간입니다.

『화해와 참회』, 31항

『가톨릭 교회 교리서』는 또한 비잔틴 전례의 사죄경을 인용하는데, 이 사죄경에서는 우리가 단죄받지 않고 '하느님의 무서운 심판 대전에' 설 수 있게 하는 화해의 성사가 지닌 힘에 대해 말합니다(1481항). 성녀 파우스티나의 『일기』에서는 예수님께서 고해성사를 '자비의 재판소'라고 말씀하시며 비슷한 구절을 언급하시는 것을 볼 수 있습니다(1448). '자비의 재판소'란 말은 마치 '뜨거운 얼음'이란 말처럼 거의 모순되게 들립니다. 재판소라는 말은 정의의 문제를 다루는 법정을 시사하는 반면, 자비는 다정한 사랑과 용서를 암시하기 때문입니다. 성 요한 바오로 2세 교황도 예수님께서 파우스티나 성녀에게 하신 똑같은 구절을 사용하여 말했습니다.

> 이 성사는 일종의 재판 행위라는 것입니다. … 그런데 여기는 엄격하고 냉정한 법정이 아니고 자비의 법정입니다.
>
> 「화해와 참회」, 31항

이 '재판소'라는 단어를 더 면밀히 살펴봅시다. 영어로 재판소는 트라이뷰널tribunal이라고 하는데, 접두사 'tri-'는 숫자 3을 의미합니다. 그래서 이 단어는 보통 세 명의 판사가 주재하는 법정을 가리키는 것으로 이해됩니다. 본래 라틴어 트리부누스tribunus에서 온 이 말은 그리스도가 오시기 500년쯤 전 로마 공화정에서 일반 시민이 정당한 대우를 받도록 선출된 호민관을 가리켰습니다. 정무관이나 민회, 혹은 원로원이 어느 로마 시민의 이익에 반하는 행동을 할 경우에 그 시민은 호민관에게 호소할 수 있었고, 호민관은 정부의 행동을 금지할 권한을 가졌습니다. 호민관들은 일반 시민의 대변자였으며 실제로 그들의 유일한 대표였습니다.

고해성사에서 그리스도로서 행하는 사제의 직무를 통해 우리는 하느님의 '무서운 심판 대전'에 들어가게 됩니다. 그곳은 성부와 성자와 성령이 함께 계시는 자비의 재판소입니다. 그러나 삼위일체의 하느님은 판관으로서 심판하려고 그곳에 앉아 계신 것이 아닙니다. 하느님은 언제나 우리 편이십니다.

지금 우리가 여기서 추상적인 개념들을 다루고 있는 것이 아님을 이해할 필요가 있습니다. 우리가 지금 다루고 있는 것은 위격들persons, 곧 신성한 하느님의 위격들입니다. 이 위격들은 실재하며 서로에게서 구분되나 절대 분리될 수 없습니다! 예수님은 한 위격입니다. 성령도 한 위격입니다. 성부도 한 위격입니다. 하느님의 세 위격은 모두 공통된 하나의 목표를 가지고 있습니다. 우리를 모든 생명과 모든 선과 모든 축복의 근원이신 아버지 하느님께로 다시 불러들이는 것입니다.

성 요한 바오로 2세 교황은 '화해는 먼저 하늘에 계신 아버지께서 내리시는 선물'[17]이라고 했습니다. 바로 이것이 나는 무엇보다도 중요하다고 여깁니다. 이전의 나는 이것을 전혀 몰랐던 것입니다.

고해성사의 핵심은 아버지 하느님입니다.

고해소에서 그리스도는 성령의 권능을 통하여 우리를 다시 아버지 하느님께로 이끄십니다. 그리하여 우리는 "풀려나고, 치유되고, 회복되고, 용서받고" 아버지 하느님의 자녀로서 우리의 완전한 품위를 갖출 수 있습니다.

교황 베네딕토 16세는 고해소에서 사제의 역할이 '참회하는 이들이 하늘 아버지의 자비로운 사랑을 경험하게 하는 것"이라고 지적했습니다. 고해성사에서 핵심은 '선과 자비의 아버지이신 하느님과 인격적으로 만나는 것'이기 때문입니다.[18] 그는 '회개로의 부르심'에 대해 설명합니다.

> 그것은 다정하고 자비로운 아버지이신 하느님께로 돌아오고, 그분을 신뢰하며, 그분의 사랑으로 다시 태어난 그분의 양자로서 우리 자신을 그분께 내어 맡기라는 격려입니다. … 회개란 예수님이 우리의 마음을 정복하시게 하여 … 그분과 함께 아버지 하느님께로 '돌아가는 것'을 의미합니다.[19]

고해소에서 우리를 기다리고 계신 아버지 하느님의 무한한 사랑과 다정함을 정말로 이해할 수만 있다면 얼마나 좋을까요? 아버지 하느님을 탕자의 아버지에 비유하면서 성 요한 바오로 2세 교황은 다음과 같이 썼습니다.

'숨은 일도 보시는' 우리 아버지께서 우리가 필요할 때마다 당신께 하소연하기를 언제나 기다리고 계시며, 우리가 당신의 신비, 성부와 그 사랑의 신비를 깊이 탐구하기를 언제나 기다리신다고 그리스도께서 가르치시지 않았습니까?[20]

필요할 때마다 아버지 당신께 하소연하기를! 하느님은 완벽한 아버지이십니다. 좋은 아버지라면 자녀가 다치거나 어려움에 처해 도움을 필요로 할 때 어떻게 반응합니까? 이제 막 걷기 시작한 아이가 넘어져 다친 채로 아버지에게 달려오는 모습을 상상해 봅시다. 그러면 아버지가 멀찍감치 서서 아이에게 "미안한데, 피도 안 나니까 약도 안 발라 줄 거야."라고 말할까요, 아니면 아이를 안아 주며 어디 다친 데는 없는지 물으며 아이에게 입을 맞춰 줄까요?

고메스 대주교는 사랑하는 아버지의 포옹이야말로 우리가 고해소에서 받는 것이라고 말합니다.

> 고해성사를 받으러 갈 때 우리는 마침내 자신의 죄를 깨닫고 우리 양심의 소리에 응답하여 일어나 아버지에게로 가려는 탕자와 같다. 연민이 가득한 아버지는, 고해소에서 행하는 사제의 직무를 통하여, 팔을 벌려 우리를 맞아 주시고 안아 주신다.[21]

고해성사는 단순히 사제와 나누는 은밀한 대화를 통해 죄를 인정하는 것이 아닙니다. 넘어져 다친 아이가 아버지에게 달려가 낫게 되는 것입니다. 고해성사는 아버지께 달려가는 것입니다! 그런데 이것이 전부가 아닙니다. 고해성사와 관련해 다른 이들이 아직 더 있습니다. 루카 복음 15장에서 예수님은 되찾은 아들의 비유를 말씀하시기 바로 전에 자비에 관한 다른 두 비유를 말씀하십니다. 하나는 양 백 마리를 돌보던 목자가 한 마리를 잃어버리자 남은 아흔아홉 마리를 놓아둔 채 그 한 마리 양을 찾아 나선다는 이야기입니다. 목자는 잃은 양을 되찾자 어깨에 메고 집으로 돌아와 기뻐합니다. 착한 목자이신 그리스도를 나타내는 비유입니다. 그리스도는 죄에 빠져 길을 잃은 우리를 찾아다니시고 아버지 하느님께로 다시 데려오시며 기뻐하십니다. 또 다른 비유는 동전 열 개를 가졌던 여자가 동전 하나를 잃어버린다는 이야기입니다. 양을 잃은 목자처럼 이 여자 또한 절박하게 잃어버린 동전을 찾습니다. 그리고 동전을 다시 발견하자 매우 기뻐합니다.

세 편의 이야기에는 우리가 잘 알아채지 못하고 넘어가기 쉬운 중요한 가르침이 담겨 있습니다. 이 가르침은 특히 되찾은 아들의 비유에 가장 강력하게 나타납니다. 비유 속 아버지는 아들이 돌아오자 매우 기뻐합니다. 혼자만 기뻐하는 것이 아닙니다. 아버지는 그 기쁨을 모든 이가 함께 누릴 수 있도록 급하게 하인들을 불러 모아 특별한 잔치를 준비하게 합니다.

"어서 가장 좋은 옷을 가져다 입히고 손에 반지를 끼우고 발에 신발을 신겨 주어라. 그리고 살진 송아지를 끌어다가 잡아라. 먹고 즐기자. 나의 아들은 죽었다가 다시 살아났고 내가 잃었다가 도로 찾았다."

루카 15,22-24

이와 마찬가지로 양을 잃었다 찾은 목자와 동전을 잃었다 찾은 여자도 즉각 다른 사람들을 불러 기쁨을 함께 나눕니다.

"집으로 가서 친구들과 이웃들을 불러, '나와 함께 기뻐해 주십시오. 잃었던 내 양을 찾았습니다.' 하고 말한다."
"친구들과 이웃들을 불러, '나와 함께 기뻐해 주십시오. 잃었던 은전을 찾았습니다.' 하고 말한다."

루카 15,6.9

여기에 담긴 메시지는 무엇일까요? 우리는 지상에서 천상으로 도약할 필요가 있습니다. 즉, 세 비유에 등장하는 주인공들처럼 우리의 아버지 하느님 또한 혼자서만 기뻐하는 데 만족하지 않으시고 잃어버린 자녀를 찾을 때마다 그 기쁨을 나누고 싶어 하신다는 사실을 깨달아야 합니다.

그렇다면 하느님께서는 그 기쁨을 누구와 함께 나누고 싶어 하시는 걸까요? 누가 이 기쁨의 잔치를 벌인다는 것일까요? 누가 하느님의 '하인들'이고 '친구들'이며 '이웃들'일까요? 예수님은 앞선 두 비유에서 각각 해답을 제시하십니다. 양을 되찾은 목자가 친구들을 불러 함께 기뻐하자고 하는 대목에서 예수님은 우리에게 말씀하십니다.

> "내가 너희에게 말한다. 이와 같이 하늘에서는, 회개할 필요가 없는 의인 아흔아홉보다 회개하는 죄인 한 사람 때문에 더 기뻐할 것이다."
>
> 루카 15,7

그리고 동전을 되찾은 여인이 친구들과 기뻐하는 대목에서도 예수님은 말씀하십니다.

> "내가 너희에게 말한다. 이와 같이 회개하는 죄인 한 사람 때문에 하느님의 천사들이 기뻐한다."
>
> 루카 15,10

고해소에서 여러분이 아버지 하느님께로 돌아올 때 그분은 성자와 성령과 함께 기쁨으로 가득 차, 천국에서 그분과 영원히 하나 된 모든 이와 서둘러 그 기쁨을 나누십니다. 여러분이 고해성사를 받는 일은 외떨어진 은밀한 경험이 아니라 그 즉시 '천사들'도 함께 기뻐하는 사건입니다. 여러분이 죄를 뉘우치고, 하느님의 자비를 인정하고, 신실하게 죄를 고백하고, 보속을 행하고, 다시는 죄짓지 않기로 결심할 때 하늘나라 전체가 기뻐합니다.

그리고 고해성사가 완전히 은밀한 일이 되지 않는 이유가 하나 더 있습니다. 거기에는 죄가 관련되어 있기 때문입니다. 어떤 의미에서 죄는 늘 개인적personal 행동이며 개인적 결과들을 낳습니다. 하지만 우리는 누구도 진공 상태에 존재하지 않는다는 것을 알아야 합니다. 우리는 모두 세상 속에서 살아가고, 이 세상과 다른 사람들에게 상호 연결된 관계망에 단단히 묶여 있습니다. 청소년 시절 처음 들었던 철학 강의가 떠오릅니다. 모든 것이 서로 연결되어, 아무리 사소한 것도 모든 행동은 우주에 긍정적이거나 부정적인 영향을 미친다는 개념이었습니다. 이와 관련된 예로, 물리적 세계에서 우리 행동이 미치는 '파문 효과'입니다. 잔잔한 연못에 돌을 던지면 물결이 일면서 수면에 퍼져 나갑니다. 돌멩이 하나가 연못 전체와 그 안에 있는 모든 것에 영향을 미치는 것입니다. 이런 효과 중 어떤 것은 눈에 잘 보입니다. 연못에 돌을 던지면 잔잔했던 수면이 흩어지고, 충격이 가해진 지점에서 물이 튀고 동심원이 바깥으로 퍼져 나갑니다. 그러나 눈에 보이지 않는 효과들도 있습니다. 이런 효과들은 오직 과학적 관찰과 측정을 통해서만 파악됩니다. 그리 쉽게 측정될 수는 없겠지만, 똑같은 개념이 영적 영역에서도 유효하게 적용될 수 있습니다. 여기서는 죄가 바로 연못에 던진 돌멩이가 됩니다. 성 요한 바오로 2세 교황은 이렇게 말했습니다.

> 인간이 하느님으로부터 단절되면 그것이 필연적으로 형제들과의 분열까지 초래함을 알 수 있습니다. … 죄의 결과는 인간 가족의 붕괴입니다.
>
> 「화해와 참회」, 15항

> 죄란 … 언제나 개인적 행위입니다 … 그러나 모든 개인적인 죄가 어떤 식으로든지 타인들에게 영향을 미치게 되어 있습니다. … 가장 내밀하고 비밀스러운 죄, 철저하게 개인적인 죄라 해도, 엄격히 말해서 그것을 범하는 사람 하나에게만 관계된 죄란 사실상 있을 수 없습니다. … 모든 죄는 교회 공동체 전체와 전 인류 가족에 반드시 영향을 끼치게 되어 있습니다.
>
> 「화해와 참회」, 16항

죄가 교회와 세상 전체에 영향을 끼치는 것은, 고메스 대주교의 다음 설명처럼 죄를 통해 하느님을 거부할 때 우리는 또한 서로를 거부하게 되기 때문입니다.

> 죄를 범할 때 우리는 우리 아버지인 하느님과 '의절'한다. 그분의 아들과 딸로서 그분과 맺은 우리의 관계를 거부하는 것이다. … 또한 다른 사람들과의 유대에도 상처를 입힌다. 하느님이 우리 아버지이심을 부인하면, 그 결과 서로가 형제이고 자매임을 부인하게 되기 때문이다. 이것이 바로 우리의 인격적 죄가 사회적 결과를 가져오는 까닭이다. … 우리는 공통의 인간성으로 서로에게 묶여 있다. 그러므로 죄는 이러한 유대를 약화시킨다.[22]

여러분이 죄를 지으면, 즉 여러분이 하느님을 거부하면, 그것이 나에게 영향을 끼칩니다. 마찬가지로 내가 죄를 지으면 여러분에게 영향을 끼칩니다. 고해소에서 일어나는 화해, 치유, 회복은 여러분과 하느님 사이의 은밀한 사건이 아닙니다. 여러분의 죄는 우선 하느님과 여러분의 관계에 상처를 입힙니다. 그러므로 그 상처가 치유되고 하느님과 여러분의 우정이 회복되는 것이 가장 먼저 일어나는 화해입니다. 그리고 「가톨릭 교회 교리서」(1469항)에서는 고해소에서 치유되어야 할 다른 네 가지 상처 혹은 메워야 할 균열을 특정합니다.

> 하느님과 하는 이 화해는 죄가 만들어 냈던 균열을 다시 메우는 여러 수준의 다른 화해에까지 발전하게 됩니다. 용서받은 참회자는 자기 존재의 가장 깊은 곳에서 자신과 화해하며, 거기서 참된 자아를 회복합니다. 그다음에, 그는 자기가 어떤 모양으로든지 상처를 주고 손해를 끼친 형제들과도 화해하게 됩니다. 그는 교회와도 화해하게 됩니다. 그리고 마지막으로는 온 창조계와도 화해하게 되는 것입니다.
> 성 요한 바오로 2세 교황, 「화해와 참회」, 31항 5절

그러므로 고해성사는 단지 나 혼자 하느님과 나누는 일대일의 친교를 회복하는 일이 아닙니다. 한 개인이 경험하는 이 성사에서 하느님은 그리스도 안에서(그리고 교회를 통하여) '세상을 당신과 화해하게 하시고'(2코린 5,19) 사제가 되신 그리스도의 기도를 이루어 주십니다.

> 그들이 모두 하나가 되게 해 주십시오. 아버지, 아버지께서 제 안에 계시고 제가 아버지 안에 있듯이, 그들도 우리 안에 있게 해 주십시오. … 우리가 하나인 것처럼 그들도 하나가 되게 하

려는 것입니다. 저는 그들 안에 있고 아버지께서는 제 안에 계십니다. 이는 그들이 완전히 하나가 되게 하려는 것입니다.

요한 17,21-23

다섯 번째 비밀
메일이 도착했습니다

네가 고해성사를 받을 때면 내 성심에서 흘러나온 피와 물이 언제나 네 영혼으로 흘러내려 네 영혼을 고귀하게 한다.

성녀 파우스티나의 「일기」, 1602

고해성사를 받기로 결정하고 나면 생각할 일이 많습니다. 내가 무슨 죄를 저질렀나? 나는 삶의 어떤 영역에서 분투하고 있나? 이런 것을 신부님에게 어떻게 설명해야 하나? 신부님은 내 말에 어떻게 반응하실까? 그런 다음 고해소에 들어가면 해야 할 일들이 있습니다. 우선 사제에게 죄를 고백하고, 이야기를 나눈 뒤, 사제가 하는 말을 잘 듣고, 참회의 기도를 드린 다음, 보속을 받고, 마지막으로 죄의 사함을 받습니다.

일련의 이러한 과정은 매우 집중적입니다. 예식의 다양한 단계와 행동이 매우 구체적이고 인격적이며 중요해, 고해성사를 하나의 고립된 사건으로 보기 쉽습니다. 그러나 전혀 그렇지 않습니다. 교회의 모든 예식은 연결되어 있습니다. 모든 예식이 아버지 하느님에게서 나와 그분께로 돌아갑니다. 모든 예식은 성령의 권능으로 모두를 향한 성부의 자비로운 계획을 성취하시는 예수님의 구원 활동에 연결되어 있습니다.

고해성사는 우리를 십자가로 데려갑니다.

이는 단지 경건한 문구나 상징에 불과하지 않고, 예수님의 십자가 사건을 기억하는 일에 그치지도 않습니다. 고해성사는 실제로 우리를 골고타 언덕으로 데려갑니다. 교황 베네딕토 16세는 다음과 같이 지적했습니다.

십자가의 길은 과거의 일도 아니고 지상의 특정한 지점도 아닙니다. 주님의 십자가는 세상을 품어 안고, 십자가의 길은 대륙과 시간을 가로지릅니다. 우리는 단지 십자가의 길가에 늘어선 구경꾼일 수 없습니다. 우리는 모두 그 길에 관련되어 있습니다.[23]

앞서 출간된 나의 책 『성체성사의 일곱 가지 비밀』에는 '오직 하나의 미사만 있습니다'라는 제목의 장이 있습니다. 이 장에서는 잠시 시간에 관한 '과학 강의'를 다루었는데, 지금 여기에서도 잠시 같은 이야기를 하겠습니다. 미사와 고해성사는 떼려야 뗄 수 없고, 또한 십자가에 연결되어 있으며, 하느님께 시간이 무엇인지 알지 못하면 이를 절대 이해할 수 없기 때문입니다.

여러분과 나는 시간과 공간의 제약으로 십자가 사건을 과거의 특정 시간, 대략 2000년 전에 특정한 장소, 예루살렘 교외의 골고타 언덕에서 일어난 개별 사건으로 보기 십상입니다. 우리는 십자가 사건에 대해 생각하고, 감사하고, 그로부터 배우려고 노력합니다. 하지만 그것을 단지 역사적 사건으로만 봅니다. 특정한 시간에 시작되었고 특정한 시간에 끝난, 그래서 현재는 더 이상 진행되지 않는 일로 생각하는 것입니다. 그러나 그건 사실이 아닙니다!

주님께는 하루가 천 년 같고 천 년이 하루 같습니다.

2베드 3,8

「가톨릭 교회 교리서」에서는 파스카 신비가 다른 역사적 사건과 다르다고 설명합니다. 다른 모든 사건들은 한 번 일어나고 끝이기 때문입니다. 다른 모든 역사상의 사건들은 '사라지고 과거에 묻혀 버립니다.' 그러나 파스카 신비는 '과거 안에만 머물 수 없는, 지나가 버리지 않는 유일무이한 역사적 사건'입니다.

그리스도의 모든 것, 곧 모든 인간을 위하여 그분이 행하고 겪으신 모든 것들이 하느님의 영원성에 참여하고, 그럼으로써 그리스도께서 모든 시대를 초월하여 모든 시대에 현존하고 계시기 때문이다. 십자가와 부활 사건은 영속하는 것이며, 모든 것을 생명으로 이끌고 있다.

1085항

정말 놀랍습니다! 그리스도의 수난과 죽음과 부활이라는 극적 사건은('때가 차서' 실제로 이 지상에서 일어났고) 영원한 현재 속에 하느님의 생명과 연결되어 있으므로 '시간을 초월'합니다! 이 사건은 절대 끝난 것이 아닙니다.

이러한 사실이 우리의 미사와 고해성사에 어떻게 관련되어 있을까요? 성 요한 바오로 2세 교황은 성체성사에 관한 회칙에서 그리스도의 수난과 죽음과 부활의 모든 열매가 '영원히 집약되는 것은 성체성사 안에서'라고 말했으며, 나아가 그리스도는 이 성체성사를 주심으로써 교회에 파스카 신비가 '영원히 현존하도록' 하셨고, 그리하여 '시간의 단일성'을 이루셨다고 설명합니다. [24] "성체성사는 현대인들에게 그리스도께서 모든 세대의 인류를 위하여 단 한 번에 이루신 화해를 가져다줍니다."[25]

'영원한 현존'이나 '시간의 단일성'과 같이 어려운 말이 나와서 머리가 어지럽습니까? 이 모든 것이 의미하는 바는 무엇일까요?

이는 결국 여러분이 미사에 참석할 때마다, 성체성사를 받을 때마다, 그리고 성체 조배를 할 때마다 2000년 전 그리스도께서 골고타 언덕의 십자가에 달려 이루셨던 것이 지금 이 순간과 이 장소에서 여러분에게 적용된다는 것을 의미합니다. 잠시 이 말을 깊이 음미해 봅시다. 이 '시간의 단일성'을 통하여 그리스도께서 그때 하신 일이 지금 여러분에게 효과를 발휘합니다. 여러분은 성모 마리아와 사도 요한과 함께 십자가 아래 서 있고, 그리스도의 창에 찔린 심장에서 흘러나오는 피와 물이 자비의 샘으로서 여러분에게 쏟아져 내립니다. 고해성사는 어떠할까요? 성체성사에서와 똑같은 일이 고해성사에서도 일어납니다. 시간과 장소는 사라지고, 여러분은 2000년 전 골고타 언덕에 있습니다. 우리 주님께서 파우스티나 성녀에게 계시하신 그대로입니다.

> 네가 내 자비의 샘인 고해성사를 받을 때면, 내 성심에서 흘러나오는 피와 물이 언제나 네 영혼에 흘러내리고 네 영혼을 고귀하게 한다.
>
> 「일기」, 1602

성체성사와 고해성사가 어떻게 연결되어 있는지를 이해하는 것은 매우 중요합니다. 성 요한 바오로 2세 교황이 지적했듯이,

두 성사 모두 같은 공간(최후의 만찬이 열린 다락방)에서 제정되었고, 고해성사가 그리스도의 수난과 죽음 이후 그리스도께서 부활하신 바로 그날에 즉각 제정되었다는 사실은(『가톨릭 교회 교리서』, 1485항 참조) 무척이나 의미심장해서 '성체성사의 중요성과 함께 고려되어야 합니다.'[26] 성녀 파우스티나의 『일기』에서 '자비의 기적'이나 '생명의 샘', '자비의 샘' 같은 말을 마주하면 주님께서 말씀하고 계신 것이 성체성사인지 고해성사인지 문맥에 따라 판단해야 합니다. 주님께서 두 성사에 대해 같은 표현을 사용하시기 때문입니다.

그런데 우리는 두 성사를 각기 다르게 언급하는 경향이 있습니다. 우리가 각 성사에 사용하는 말들은 두 성사가 어떻게 서로 관련되어 있는지에 관한 우리의 이해를 제한할 수 있습니다. 우리는 성체를 '받아 모시다'라고 말하고 고해성사를 '보러 가다'라고 말합니다. 앞서 두 번째 비밀에서 언급했듯이, 고해소에서도 우리는 고해성사를 받습니다. 우리의 신실한 고백과 사제의 사죄를 통해 우리는 우리 마음에 와서 머무시는 하느님의 세 위격과의 영적이고 실제적인 친교를 경험합니다. 이것은 어떻게 이루어집니까? 성체성사를 받을 때와 같은 방식입니다. 그리스도께서 십자가에 달려 우리를 위해 맺은 열매들은 이 '시간의 단일성'을 통해 지금 고해소에서 우리에게 적용됩니다. 모든 것은 십자가에서 비롯합니다!

몇 해 전 십자가 현양 예식을 거행하던 중에 나는 극히 인격적인 방식으로 이를 명확하게 이해하는 경험을 했습니다. 십자가 경배 시간이 되자 나는 다른 신자들과 함께 앞으로 걸어 나가 몸을 숙이고 십자가 발치에 입을 맞추었습니다. 그리고 돌아서 다시 제자리로 돌아오려고 했습니다. 그런데 그때 신부님이 갑자기 손을 뻗어 내 팔을 잡더니 다른 손으로는 십자가를 나의 가슴에 가져다 댔습니다. 그 순간 마치 시간이 멈춘 것만 같았습니다. 나는 신부님이 그러는 까닭을 도무지 알 수가 없었습니다. 어쩌면 내 상태가 너무 안 좋아 보여서 특별한 축복이 필요하다고 생각했을지도 모르겠습니다. 하지만 이유가 어찌 되었든, 그 일은 내게 강력한 효과를 발휘했습니다. 나는 조용히 기도하며 "주님, 제가 십자가에서 나오는 당신 사랑을 받습니다."라고 계속 되뇌었습니다.

다음 날 아침 영성체를 하러 나갔을 때도 나는 같은 말을 되뇌며 기도했습니다. "주님, 제가 십자가에서 나오는 당신 사랑을 받습니다." 그리고 이제 고해성사를 받으러 갈 때도 같은 기도를 합니다. "주님, 제가 십자가에서 나오는 당신 사랑을 받습니다."

앞서 두 번째 비밀을 다루면서 우리가 고해성사에 대해 생각할 때 그 성사에 얼마나 많은 것이 담겨 있는지 깨닫지 못한 채 용서에만 지나치게 초점을 맞추는 경우가 많다고 언급했습니다.

그런데 용서의 실체조차 영원한 현재의 관점에서 이해되어야 합니다. 나는 내가 얼마나 자주 안으로 움츠러드는 고해를 했는지 기억합니다. 거의 용서를 구하기조차 겁이 났었습니다. 나는 영적으로 너무나 주눅이 들어 있었습니다. "아, 하느님, 제가 용서받을 자격조차 없다는 걸 잘 알지만, 제발 저를 용서해 주십시오." 나는 마치 하느님께서 나를 용서해 주시지 않을 것처럼, 마치 내가 하느님께로부터 용서를 짜내려고 애쓰듯이 그렇게 빌었습니다. 아, 얼마나 어리석었는지요! 그리스도는 지금 고해소에서 나를 용서하고 계신 것이 아닙니다. 그분은 이미 2000년 전에 나를 용서하셨습니다! 다만 나는 그 용서를 지금 받고 있을 따름입니다.

십자가에 달리신 그리스도가 하느님이셨음을 기억할 필요가 있습니다! 그리스도는 신이자 인간이십니다. 그러므로 그분은 우리처럼 시간이나 공간에 제한되지 않습니다. 「가톨릭 교회 교리서」는 이에 대해 명확하고 구체적으로 언명하고 있습니다.

> 예수님께서는 당신의 일생, 고뇌와 수난 동안 우리를 모두와 각자를 알고 사랑하셨으며, 우리 하나하나를 위하여 자신을 내어 주셨다.
>
> 478항

이 구절을 다시 읽고 생각해 봅시다. 그리스도는 온 생애를 통해, 고통과 수난을 당하는 동안에도 언제나 여러분을 알았고 사랑하셨습니다. 그분은 여러분을 위해 자신을 내어 주시고 돌아가셨습니다. 여러분 중 한 사람이 구원받아야 할 유일한 인간이었다 해도, 그리스도는 그 한 사람만을 위해서도 목숨을 내어 주셨을 것입니다. 하느님께는 한 사람 한 사람이 그토록 소중한 것입니다. 그때 여러분은 아직 태어나지도 않았습니다. 여러분의 부모님과 조부모님도 아직 태어나지 않았습니다. 그러나 그리스도는 시간에 종속되지 않으십니다. 그분은 여러분을 보았고, 알았고, 사랑했고, 여러분을 위해 십자가에 달려 돌아가셨습니다. 왜 그러셨을까요? 그리스도께서는 왜 자신의 죽음을 허락하셨을까요? 그분의 죽음은 무엇을 성취했을까요?

용서입니다. 모든 죄의 용서. 시간의 시작에서 끝에 이르는, 여러분의 죄, 나의 죄, 온 세상의 죄의 용서입니다. 사도 바오로는 그리스도께서 우리의 모든 죄를 떠안으셨다고 가르칩니다. 하느님께서는 우리를 위하여 그리스도를 죄로 만드셨을 정도입니다(2코린 5,21 참조). 십자가에서 그리스도는 2000년의 시간과 공간을 가로질러 여러분에게 이르렀고, 여러분을 보았고, 여러분의 모든 죄(과거의 죄, 현재의 죄, 미래의 죄)를 보았고, 그리고 여러분을 사랑했습니다! 그리스도는 여러분의 모든 죄를, 나의 모든 죄(그 모든 끔찍한 것)를 자신의 순수한 몸 안으로 끌어당기셨습니다. 그분의 몸이 십자가에 달려 파괴되었을 때 우리의 죄도 파괴되었습니다. 그것은 이미 완료된 일입니다. 그리스도께서는 "우리의 죄를 당신의 몸에 친히 지시고 십자 나무에 달리시어"(1베드 2,24) "죄와 관련하여 단 한 번 돌아가신 것"(로마 6,10)입니다.

우리의 죄가 '파괴되었다.'고 말했습니다. 이 말을 이해하는 것은 정말로 중요합니다. 그런데 이것을 놓치고 있는 사람이 너무 많습니다. 미사에서 우리는 '하느님의 어린양, 세상의 죄를 용서하시는 주님'이라고 하지 않고 '하느님의 어린양, 세상의 죄를 없애시는 주님'이라고 합니다. 그리스도께서는 그저 우리의 죄를 용서하기만 하시는 것이 아니라, 없애십니다!

성경은 말합니다. 주님께서는 "해 뜨는 데가 해 지는 데서 먼 것처럼 우리의 허물들을 우리에게서 멀리하신다."(시편 103,12)라고. 또 주님께서는 이렇게 말씀하십니다. "나, 바로 나는 나 자신을 위하여 너의 악행들을 씻어 주는 이. 내가 너의 죄를 기억하지 않으리라."(이사 43,25)

하지만 과거에 지은 죄에 대한 기억들이, 심지어 이미 고해성사를 받았음에도 계속 되돌아와 머릿속을 맴돈다고 말하는 사람들도 많습니다. 이런 사람들은 자기 죄가 정말로 용서받은 것인지 미심쩍어합니다. 하느님의 자비를 절대 의심하지 마십시오! 여러분이 고해성사를 통해 진정으로 죄를 참회하고 고백하고 다시 죄 짓지 않기로 결심하고 사죄를 받았다면 그 죄는 단지 용서받았을 뿐만 아니라, 없어졌습니다! 여러분의 죄가 얼마나 나쁜 죄였든지 상관없습니다. 어떠한 죄도 하느님의 사랑보다 크지 않습니다.

> 너희의 죄가 진홍빛 같아도 눈같이 희어지고 다홍같이 붉어도 양털같이 되리라.
>
> 이사 1,18

성녀 파우스티나의 「일기」에는 절망하는 한 영혼과 그리스도가 나눈 아름다운 대화가 실려 있습니다. 이 영혼은 자신의 죄에 관한 생각에 겁을 먹고 하느님께서 그 죄를 용서해 주실지 의심합니다. 예수님은 그 영혼에게 말씀하십니다.

> 네 모든 죄가 나의 마음을 아프게 하지만, 지금 네가 나를 신뢰하지 않는 것만큼 아프게 하지는 않는다. 내가 수없이 노력하여 내 사랑과 자비를 베풀었음에도 너는 여전히 나의 선함을 의심하는구나.
>
> 1486

그 영혼이 대꾸하려 하자 예수님은 그 혼란스러움 보시고 말을 끊고 영혼을 들어 올려 "그분 성심의 깊은 곳으로 이끌고 가시는데, 그곳에서 영혼의 모든 죄가 즉시 사라진다."(1486) 이것이 바로 십자가에서 나오는 그리스도의 자비가 발휘하는 힘입니다. 내가 만든 오디오 CD 'Endless Mercy'(끝없는 자비)에는 십자가 위에서 이루어진 이 구원 활동이 얼마나 인격적이고 완전한가를 표현한 노래가 담겨 있습니다.

> 십자가에서 당신은 나의 죄를 보시고 나를 사랑하셨네.
> 당신은 나의 고통을 느끼시고 시간을 관통하여 나를 치유하셨네.
> 부드러운 손길로 나의 죄를 당신 안에 끌어들이시고
> 당신의 죽음으로 죄를 모두 영원히 파괴하셨네.

우리는 그리스도께 용서를 간청해야 한다고 생각하며 고해소에 들어가서는 안 됩니다. 용서는 청하되, 기대와 감사를 동반한 믿음을 가지고 용서를 청해야 합니다. 우리가 용서받을 자격이 없음에도 그리스도께서는 이미 십자가에서 우리를 위해 용서를 성취하셨고, 우리가 현재의 우리 삶 안으로 그 용서를 받아들이기를 기다리고 계시다는 것을 알아야 합니다.

각종 행사나 본당 선교에서 이에 대한 말씀을 드릴 때 나는 좋아하는 비유 두 가지를 들어 내용을 보다 명료하게 설명합니다. 하나는, 전자 메일과 관련한 비유입니다. 처음 인터넷을 사용해 전자 메일을 주고받던 시절에, 동생이 일본에서 내게 이메일을 보냈던 겁니다. 나는 그때 여행 중이어서 컴퓨터가 없었고, 그래서 몇 주가 지난 뒤에야 집에 돌아와 인터넷에 접속해 동생이 이메일을 보냈다는 사실을 알게 되었습니다. 그때 이런 생각을 했던 기억납니다. '아, 얼마나 놀랍고 멋진 일인가! 거의 지구 반대편에서 2주 전에 이메일을 보냈는데, 나는 그걸 모르고 있다가 이제야 받았구나. 메일이 사이버 공간 어디에선가 나를 기다리고 있었다니.' 예수 그리스도께서는 2000년 전 십자가에서 우리에게 필요한 용서와 치유를 우리 모두에게 이메일로 보내셨습니다. 여러분은 그 이메일을 받으셨나요? 아니오. 그 메일은 영적 사이버 공간 어딘가를 떠돌며 우리를 기다리고 있습니다. 그 메일은 거기서 우리를 위해 존재하고 있지만, 그것을 받으려면 우리도 무엇인가 해야 합니다. 아우구스티노 성인이 말했듯이, "하느님께서는 그대 없이 그대를 창조하셨습니다. 그러나 그대 없이는 그대를 구원하지 않으십니다."[27] 우리가 그 과정에 참여할 필요가 있습니다. 이메일을 받으려면 우리가 어떻게 해야 할까요? 우선 컴퓨터를 켜고 브라우저를 연 다음 메일 계정에 ID와 비밀번호를 넣고 로그인해야 합니다. 그러면 '이메일이 도착했다!'는 메시지가 뜹니다. 이제 해당 메일을 클릭해서 읽고, 인쇄하든 저장하든 뜻대로 사용하면 됩니다. 그러면 이제 그 메일은 여러분의 것입니다. 고해성사는 로그인과 같습니다. 과거에 그리스도께서 여러분을 위해 하신 일에 접속하기 위해서 지금 해야 할 일을 하는 것입니다. 이를 통해 여러분의 삶 안으로 그리스도의 수난과 죽음과 부활이 맺은 모든 열매를 바로 지금 여러분이 필요로 하는 순간에 다운로드할 수 있습니다. 성체성사와 마찬가지로 고해성사 또한 '그때'의 선물을 '지금' 받는 것입니다.

또 하나의 비유는 전자 메일 사용에 익숙하지 않은 사람들을 위한 비유입니다. 그리스도께서는 우리에게 필요한 용서와 치유를 2000년 전에 우리 각자의 이름으로 된 은행의 안전 금고 안에 넣어 두셨습니다. 그리고 여러분에게 열쇠를 주셨습니다. 예수님의 용서와 치유가 우리를 기다리고 있습니다. 그 용서와 치유를 받기 위해서 우리는 할 일이 있습니다. 곧 은행에 가서 신분증을 보여 주고 은행 직원이 한 쌍의 열쇠 중 나머지 하나를 가져와 금고를 열게 해야 합니다. 그러면 이제 우리는 용서와 치유를 받게 됩니다. 이상의 모든 것을 이해하고 나면 이제 고해성사는 훨씬 풍요로운 경험이 될 것입니다. 그런데 여기까지는 영원한 현재 이야기의 절반일 뿐입니다. 지금까지는 모두 그리스도께서 '그때' 하신 일이 '지금' 우리의 현실에 영향을 끼친 것뿐입니다. 그러나 영원한 현재 이야기는 반대 방향으로도 적용됩니다. 즉 여러분과 내가 '지금' 하는 일은 '그때' 그분께 영향을 끼칩니다.

내가 고등학교 2학년에 재학 중일 때 시 한 편을 읽었는데 너무나 깊은 감동을 받아서 모두 외운 적이 있습니다. 그 시는 여전히 그리스도의 십자가 사건이 어떻게 늘 우리에게 현존하는지를 기억하는 데 도움을 줍니다.

로빈의 가슴이 붉은 까닭[28]

구세주가 허리 굽혀 십자가를 지시고 황량한 언덕을 오르셨네.
고통의 가시관에서 진홍빛 피가 흐르는데
저 잔혹한 로마인은 가차 없는 손으로 떠밀어 대니
군중 가운데 비틀거리다, 구세주가 모랫바닥으로 쓰러지셨구나.

잊지 못할 이날에 가까이서 지저귀던 작은 새,
이리저리 움직이며 가시 하나 떼어 내려 애를 쓰는데
뾰족한 가시가 작은 새의 가슴을 찔렀네.
그리하여 사람들이 말하길,
로빈의 은빛 조끼에 붉은 물이 들었구나.

아, 예수! 예수! 사람의 아들! 나의 비탄, 나의 한숨이여,
이 날짐승, 하늘의 이스마엘이 가르쳐 준 교훈을 드러내소서.
나는 내 기쁨의 궁전에서나 절망의 동굴에서나
당신 소중한 이마에서 가시 하나 뽑은 적 없이,
도리어 수천 개의 가시를 심어 놓았구나.

매일 매 순간 우리는 자기 선택에 따라 잔혹한 로마인이 될 수도 있고 작은 새 로빈이 될 수도 있습니다. 우리는 십자가에 달리신 그리스도를 위로할 수도 있고, 그분의 고통을 더해 드릴 수도 있습니다. 우리는 그분의 이마에서 가시 하나를 뽑아 드릴 수도 있고, 오히려 가시 하나를 더 박아 드릴 수도 있습니다. 죄를 지을 때마다 나는 그분을 아프게 합니다. 좋은 일을 할 때마다 나는 그분을 위로해 드립니다. 그렇기 때문에 고해성사를 준비하는 가장 좋은 방법은 그리스도의 수난을 묵상함으로써 '참회의 눈물'을 흘리는 것입니다(「가톨릭 교회 교리서」, 1429항).

그리스도께서 땀이 피가 되도록 괴로워하시며 느끼셨던 고뇌의 일부는 나의 죄를 보시고 그 죄를 떠안으시는 데서 비롯했습니다. 그리스도는 나의 죄 때문에 채찍질을 당하고, 맞고, 조롱당하고, 십자가에 달리셨습니다. 내가 그분의 얼굴에 침을 뱉었습니다. 내가 그분의 뺨을 때렸습니다. 내가 그분의 그 끔찍한

채찍으로 그분의 살을 찢었습니다. 내가 그분의 머리에 가시를 박아 넣었습니다. 내가 그분의 손과 발에 못을 박았습니다. 내가 그분께 쓰디쓴 쓸개즙을 드렸습니다. 죄는 인격적입니다! 그것은 한 인격에 상처를 입힙니다. 그런 일을 당하기에 가장 부당한 그 인격, 가장 온화하고 사랑이 넘치는 그 인격을 아프게 합니다. 죄는 끔찍한 것입니다. 파우스티나 성녀는 이렇게 썼습니다.

> 오늘 주님이신 예수님의 쓰라린 수난으로 들어갔다. … 내 영혼 깊은 곳에서, 죄란 가장 작은 죄조차도 얼마나 끔찍한 것인지, 예수님의 영혼에 얼마나 많은 고통을 안겨 드리는지 알게 되었다. … 나의 예수님, 아무리 작은 죄라도 죄를 지어 당신을 거스르느니 차라리 세상 끝 날까지 크나큰 고난 속에서 고뇌하며 지내는 편이 낫겠습니다. … 나의 예수님, 당신을 슬프게 하느니 나는 차라리 존재하지 않는 편이 낫겠습니다.
>
> 「일기」, 1016; 741; 571

고해성사에서 우리는 받기도 하지만 주기도 합니다. 내가 자존심을 누르며 두려움을 이기고서 나의 죄를 고백하고 통회하며 내 삶을 바꾸기로 결심한다면 나는 십자가에 달리신 그리스도께 위로를 드리는 것입니다. 고해성사에서 우리는 그리스도의 사랑

넘치는 이메일을 받습니다. 그리고 그분께 응답을 드립니다.

주님, 당신을 아프게 해 드린 저의 모든 행동과 태도와 시간들에 대해 사과드립니다. 그럼에도 저를 사랑해 주셔서 감사드립니다. 제가 당신을 더 사랑할 수 있도록 도와주소서.

여섯 번째 비밀

새 술은 새 부대에

지난날의 생활 방식에 젖은 옛 인간을 벗어 버리고,
여러분의 영과 마음이 새로워져, … 새 인간을 입어야 한다는 것입니다.

에페 4,22-24

이번 장은 시작하기가 거의 두려울 정도로 중요한 장입니다. 첫 번째 비밀부터 다섯 번째 비밀까지 다루었던 생각과 개념을 포함해 이제까지 말한 모든 것은 이 여섯 번째 비밀을 말하기 위한 준비 과정이었습니다. 여기서 이 책을 그만 읽으려고 한다면 핵심을 놓치는 셈입니다.

 각각의 '다른' 모든 생각과 개념은 따로 떨어져 있지 않습니다. 개별적이지만 서로 연결되어 하나의 완전한 진리를 이루는 부분들입니다. 그것은 마치 수천 개의 작은 조각들을 맞추어 전체를 완성하는 그림 퍼즐과 같습니다. 개별 조각에만 초점을 맞추면 전체 그림을 완성할 수 없습니다. 각각의 생각과 개념들이 어디에서 어떻게 서로 연결되는지를 알아야 하느님의 사랑으로 그려진 전체 그림을 볼 수 있습니다. 무슨 그림일까요? 삼위일체 하느님의 이미지입니다. 하느님은 우리 아버지가 되시어 생명을 주셨고, 우리가 길을 잃고 헤맬 때마다 다시 돌아오기를 팔 벌려 기다리시며, 언제나 기꺼이 우리를 용서하고 치유할 준비가 되어 있으십니다. 그리하여 우리를 재창조하여, 그분께서 처음 창조하셨던 충만한 생명으로 다시 회복시켜 주십니다.

나는 양들이 생명을 얻고 또 얻어 넘치게 하려고 왔다.
요한 10,10

고해성사의 목적은 새 생명, 거듭남, 변모, 우정의 회복, 하느님과의 친교입니다. 이를 통해 여러분은 완전히 새로운 방식의 삶을 시작할 수 있습니다.

옛것은 보내고 새것을 맞이하라![29]

고해성사라는 퍼즐의 '조각들'이 얼마나 잘 맞아 새 생명을 불러일으키는지 그중 일부를 다시 살펴보며 알아보겠습니다. 첫 번째 비밀에서 우리는 죄가 단지 행위에 국한된 것이 아님을 보았습니다. 죄는 하느님과 맺는 관계에 관한 것입니다. 하느님께서 우리 아버지가 되시는 것을 거부하는 것, 그분의 아들딸로서 올바른 관계를 맺고 살기를 거부하는 것입니다. 죄가 하느님을 달라지게 하지 못한다는 것을 우리는 보았습니다. 죄는 하느님의 사랑에서 우리를 떨어뜨려 놓음으로써 우리를 달라지게 합니다. 그러므로 진짜 문제는 우리의 죄스러운 행위가 아니라, 우리 마음에 있습니다. 우리는 하느님에게서 마음을 돌려 멀어졌습니다. 죄가 우리를 달라지게 했고, 그래서 우리는 우리를 본래대로 다시 바꾸어 놓을 은총이 필요합니다. 고해성사는 우리를 참회와 회심으로 초대합니다. 삶의 방식을 180도 전환하도록, 우리 마음을 하느님께로 다시 돌리고 어둠의 동굴에서 나와 그분 사랑의 빛과 온기로 들어가도록 우리를 불러 줍니다.

너희 마음이 하느님을 떠나 방황하였으나
이제는 돌아서서 열 배로 열심히 그분을 찾아야 한다.

바룩 4,28

두 번째 비밀은 우리를 조금 더 성장시킵니다. 우리의 죄 자체가 진짜 문제가 아니므로 용서만으로는 해결책이 될 수 없음을 이미 보았습니다. 우리는 다만 죄스러운 행위를 고백하고 사죄赦罪를 받은 다음 다시 이전과 같은 삶으로 돌아갈 수 없습니다. 죄는 우리에게 상처를 입히므로, 우리는 용서받은 뒤에도 여전히 상처받고 혼돈스럽고 영적으로 나약한 채 남아 있습니다. 용서는 은총을 통한 치유와 성화聖化의 전체 과정 중 단지 첫 단계임을 우리는 보았습니다. 은총은 우리가 하느님처럼 될 수 있도록 하느님께서 우리 마음에 부어 주시는 그분 삶의 방식입니다.

세 번째 비밀에서는 우리 각자가 하느님과 인격적인 일대일 관계로 불리었음을 확인했습니다. 하느님의 부르심은 우리 한 사람 한 사람마다 다르고 단순히 '해야 할 것과 하면 안 되는 것'을 기계적으로 따르는 것이 전부가 아닙니다. 그런 우리에게 고해성사는 '태도의 변화'를 불러일으킵니다. 즉 온 마음으로 하느님을 찾고 늘 그분 마음에 드는 것을 행하려고 노력하는 삶을 살라고, 매 순간 그분께서 우리에게 말씀하시는 것을 행함으로써 그분께 응답하라고 요청합니다.

네 번째 비밀에서는 고해소가 삼위일체이신 하느님을 인격적으로 만나는 장소임을 보았습니다. 온 하늘이 이 만남을 지켜보며 기뻐합니다. 우리의 참회, 마음의 회개, 삶을 바꾸려는 우리의 결심 때문입니다. 삼위일체 하느님과의 이 인격적 만남에서 일어나는 우리 마음과 정신의 내적 변화를 통해 그리스도는 성령의 권능으로 우리를 다시 아버지 하느님께로 이끄시고, 그리하여 우리는 그분 자녀로서 완전한 품위를 회복합니다.

다섯 번째 비밀에서 우리는 이 필수적인 회심에 이르는 가장 좋은 방법은 그리스도의 수난을 묵상하며 '참회의 눈물'을 흘리는 것임을 보았습니다. 죄는 인격적이라는 현실과 그리스도께서 인격적으로 나를 위해 수난하시고 십자가에 달려 돌아가셨다는 현실로 들어가야 합니다. 그리스도께서는 영원한 현재를 사시므로 내가 하루하루 삶을 살아가는 방식이 그분을 위로할 수도 있고 그분의 고통을 더할 수도 있습니다.

자, 이 모든 것의 공통분모는 무엇입니까? 바로 변화, 곧 마음과 정신의 변화입니다.

> 여러분은 현세에 동화되지 말고 정신을 새롭게 하여 여러분 자신이 변화되게 하십시오.
>
> 로마 12,2

고해성사는 성체성사와 마찬가지로, 단순한 예식 또는 가톨릭 신자들의 행위에 그치지 않습니다. 단지 은총을 받는 일도 아닙니다. 고해성사는 우리 삶이 극적으로 변화되는 방식으로 하느님께 응답하는 일이라고 할 수 있습니다.

> 아무도 새 포도주를 헌 가죽 부대에 담지 않는다. 그렇게 하면 포도주가 부대를 터뜨려 포도주도 부대도 버리게 된다. 새 포도

> 주는 새 부대에 담아야 한다.
>
> 마르 2,22

그리스도께서는 당신 생명을, 거룩함을 우리 안에 부어 주십니다. 그분은 '새 포도주'이십니다. 우리는 그분을 '새 부대'에 받아야 합니다. 그렇게 하려면 어떻게 해야 할까요? 「가톨릭 교회 교리서」에서는 세 가지 필수 단계로 참회, 사제에게 죄를 말하는 고백, 그리고 보속을 하겠다는 결심과 그 이행을 제시합니다(1491항). 가톨릭 신자 대부분이 익히 외우는 통회 기도*는 이 과정을 단적으로 잘 보여 줍니다.

> 하느님, 제가 죄를 지어 참으로 주님의 마음을 아프게 하였사오니 진심으로 뉘우치나이다.

'진심으로 뉘우치나이다.'라는 말은 어리석은 짓을 했음을 후회하는 단순한 사과가 아닙니다. 고해성사에 접근하면서 느껴야 하는 슬픔은 진정한 참회와 회개, 곧 "우리를 먼저 사랑하신 하느님의 자비로운 사랑에 응답하도록 은총으로 이끌려 고무된

---

* 우리나라 가톨릭교회를 비롯하여 널리 사용되는 통회 기도는 '바오로 6세의 통회 기도'인데, 여기서는 영어권에서 전통적으로 사용되어 온 통회 기도를 다루고 있다. – 옮긴이 주

뉘우치는 마음의 움직임"(「가톨릭 교회 교리서」, 1428항)에서 옵니다. 성 요한 바오로 2세 교황은 이러한 회개는 그리스도 스스로 계시하셨던 아버지 하느님의 자비로운 사랑을 발견하는 데 있다고 설명합니다. "하느님께 돌아가는 회개는, 한없이 자비로우신 이 아버지를 '다시 알아뵙는' 결실이기 마련입니다."(「자비로우신 하느님」, 13항)

사도 베드로의 일화에서 이러한 회심을 볼 수 있습니다. 베드로는 사람들 앞에서 그리스도를 세 번이나 부인한 뒤에 그리스도께서 자신을 바라보는 눈길에 회개합니다. 「가톨릭 교회 교리서」에서는 이렇게 설명합니다. "예수님의 한없이 자비로운 눈길은 회개의 눈물을 흘리게 했으며, 주님께서 부활하신 뒤에는 당신에 대한 그의 사랑을 세 번 확언하게 하신다."(1429항)

이러한 참회(통회라고도 하는)의 결과는 단지 우리 죄에 대한 슬픔에 그치지 않고 죄에 대한 미움으로 나아갑니다.

> 천국의 상실과 지옥의 고통이 두렵기에 내 모든 죄를 미워하나이다.

통회의 첫 단계는 두려움의 통회입니다. 통회의 동기가 죄의 추악함을 인식하고 영원한 지옥 형벌을 무서워하는 데서 비롯하기 때문입니다. 성령의 격려를 받아, 은총의 감도 아래 성사로 죄를 용서받음으로써 완성되는 내적 변화 과정의 시작입니다(『가톨릭 교회 교리서』, 1453항 참조).

이로써 합당한 고해성사가 완성될까요? 네, 하지만 정말로 더 거룩해지려면 더 높은 단계에 이르도록 노력해야 합니다.

> 그러나 무엇보다도 내 모든 죄가, 모두 선하시며 내 모든 사랑을 받으시기에 합당하신 나의 하느님을 거스르기 때문입니다.

이것이 바로 둘째 단계의 통회입니다. 이 '완전한 통회'의 동기는 자신에 대한 걱정이 아니라 하느님을 향한 사랑과 그분이 얼마나 좋으신지 인식하는 것입니다. 이는 하느님과 더 깊은 관계를 맺고, 그분을 거스르는 일은 무엇이든 피하고자 하는 더 큰 갈망을 갖게 되는, 훨씬 더 인격적인 통회입니다. 문제는 초점을 어디에 두냐 하는 것입니다. 죄의 결과를 걱정하여 죄를 뉘우친다면 그때 초점은 어디에 맞추어져 있습니까? 여러분은 누구를 사랑하는 건가요? 네, 여러분 자신입니다. 하느님의 마음을 아프게 했기에 죄를 뉘우친다면 그때의 초점은 누구에게 맞추어져 있습니까? 여러분은 누구를 사랑하는 건가요? 바로 하느님입니다.

굳게 다짐하오니 …

아마도 이 문구가 우리의 작은 기도에서 가장 중요한 말일 것입니다. 하지만 가장 많이 간과되는 말이기도 합니다. 죄가 단순히 나쁜 행위에 불과하다면, 그리고 고해성사를 받는 일이 영성체를 위한 조건으로 죄를 용서받기 위한 것이라면, 성사는 너무나도 쉽게 생각 없이 기계적으로 치르는 예식이 될 수 있습니다. 고해성사가 다만 나의 나쁜 행위를 고백하고 사죄를 받는 것에 지나지 않게 됩니다. 하지만 죄를 고백하는 것만으로는 충분하지 않습니다. 달라지겠다는 굳은 다짐이 필요합니다.

주님의 은총으로 …

이 구절 역시 쉽게 간과됩니다. 스스로의 힘만으로 자신의 다짐을 실천하려 한다면 실패할 것입니다. 앞에서 이미 보았듯이 고해성사는 단지 용서만 받는 것이 아니라 완전한 치유에 이르고 우리 삶을 바꾸는 데 필요한 은총을 받는 것입니다. 그러므로 사죄를 받기 전에 드리는 통회 기도에서 나는 하느님의 은총을 요청하고 그 은총에 의지하면서 나 자신의 변화를 다짐해야 합니다. 이렇게 굳게 다짐하면서 나는 세 가지 행동을 약속합니다.

죄를 고백하고 …

잠깐, 통회 기도는 이미 죄를 사제에게 고백하고 난 다음 바치는데, 왜 여기서 첫 번째 결심으로 죄 고백을 다시 언급할까요? 그것은 우리가 단지 일회성이 아니라 하나의 과정에 완전히 동의할 것을 다짐하기 때문입니다. 우리는 죄를 지어 하느님에게서 벗어날 때마다 다시 이 성사를 통해 하느님께로 돌아갈 것을 다짐하며, 죄를 규칙적으로 고백하겠다고 결심하는 것입니다.

보속하며 …

네, 보속입니다. 보속은 잘못을 저질러서 사제가 주는 벌이지요? 아니요, 그렇지 않습니다. 보속은 화해 성사에서 가장 많은 오해를 받는 측면입니다. 사제에게 사죄를 받은 뒤 나는 얼마나 많이 안도의 한숨을 내쉬었는지 잘 기억합니다. "휴, 이제 다 끝났다. 이제 보속을 해야지. 그래, 죗값을 치러야지."

그러나 그것으로 끝이 아닙니다. 이제 다시 시작일 뿐입니다. 그리고 보속이란 받아야 할 벌도, 치러야 할 죗값도 아닙니다. 보속은 용서받기 위해 지불하는 비용이 아니라고 성 요한 바오로 2세 교황도 말했습니다. 인간의 어떠한 행위도 고해소에서 우리가 얻는 것의 가치에 부합할 수 없습니다.

> 보속은 새로운 생활을 시작할 것을 성사를 통해 하느님께 발원하는 인격적 약속입니다. (그렇기 때문에 보속은 단순히 몇 가지 기도문을 외는 것으로 국한되어서는 안 되고, 하느님에 대한 경신 행위, 애덕이나 자비의 실천, 저지른 잘못에 대한 보상 행위 등으로 나타나야 한다.)
>
> 「화해와 참회」, 31항

또한 우리는 이러한 행동을 통해 육적·영적 고행을 그리스도의 수난에 결합하는 것이라고 성 요한 바오로 2세 교황은 이어서 설명합니다. 우리를 위해 '값을 치르시고 용서를 얻어 내신' 분은 바로 그리스도이십니다. 우리는 정말로 우리 죄를 '속죄'하거나 '보상'할 수 없습니다. 앞에서 보았듯이, 이미 그리스도께서 십자가에 달리시어 우리를 위해 속죄하셨습니다. 우리는, 그리스도께서 우리가 그분처럼 될 수 있도록 '단 한 번' 바치신 희생 제사에 결합된 우리의 희생 제사를 드릴 뿐입니다.

이러한 보속들은 우리가 우리 죄 때문에 영원히 속죄하신 그리스도를 닮도록 도와준다. 보속은 '우리가 그리스도와 함께 고난을 받기'(로마 8,17) 때문에 한 번에 우리를 부활하신 그리스도와 함께 공동 상속자가 되게 해 준다.

「가톨릭 교회 교리」, 1460항

고해성사가 단번에 이루어지는 치료가 아니라 여러 절차로 이루어진 과정이라는 개념으로 다시 돌아가 봅시다. 앞서 두 번째 비밀을 다루면서 우리는 고해성사가 단지 용서에서 그치지 않고 치유에 관한 일임을 보았습니다. 하지만 완전한 건강은 죄를 고백하고 뉘우친다고 해서 돌아오지 않습니다. 또 사제의 사죄 선언은 마치 마법 지팡이를 휘둘러 주문을 외우듯 '짠' 하고 완전한 건강을 가져다주는 것도 아닙니다.

용서는 죄를 없애 주지만 죄의 결과로 생긴 모든 폐해를 고쳐 주지는 못한다. 죄에서 벗어난 사람은 완전한 영적 건강을 회복해야 한다. 그러므로 그 죄를 갚기 위해서는 무엇인가 더 실행하여야 한다.

「가톨릭 교회 교리」, 1459항

성 요한 바오로 2세 교황도 같은 이야기를 했습니다.

사죄 후에도 신자의 마음속에 어두운 부분이 남아 있다는 사실을 우리에게 환기시켜 줍니다. 이 어두운 부분 속에는 죄의 감염원이 아직도 살아 움직이기 때문에 극기와 보속으로 이를 쳐 이겨야 하는 것입니다.

「화해와 참회」, 31항

결국 이 모든 것이 다다르는 결론은 무엇일까요? 참회는 사제가 부여한 구체적인 행동을 하는 것만이 아니라는 것입니다. 진정한 참회는 하느님의 자비를 경험한 데 대한 응답입니다. 즉 여러분이 삶에서 행한 실제적인 행동의 변화들, 하느님의 자녀로서 보다 완전하게 건강하고 성숙하게 하는 변화들에서 드러나는 결정이며 태도입니다.

고해소에서 사제가 우리에게 주는 보속과 사죄는 종결이 아니라 '파견'입니다. 이는 미사를 마칠 때 "미사가 끝났으니 가서 복음을 전합시다."라고 말하며 사제가 신자들을 파견하는 것과 마찬가지입니다. 우리는 통회 기도의 세 번째 다짐에서 이러한 이해를 표현하고 약속합니다.

내 삶을 바로잡겠나이다. 아멘.

우리는 어떻게 삶을 바로잡아야 할까요? 완전히, 근본적으로 바로잡아야 합니다. 「가톨릭 교회 교리서」는 이에 대해 강력히 말하고 있습니다! 바로 고해소에서 그리스도께서 우리에게 요청하시는 내적 참회입니다.

> 삶 전체의 근본적 방향 전환이며, 온 마음으로 하느님께 돌아오고, 회개하는 것이며, 우리가 지은 악행을 혐오하고 악에서 돌아서서 죄를 짓지 않는 것이다. 동시에 내적 회개는 … 생활을 바꾸겠다는 의향과 결심을 포함한다.
>
> 1431항

우와! 여러분은 고해성사를 볼 때 삶 전체의 방향을 근본적으로 전환하고, 온 마음으로 하느님께 돌아오며, 모든 악에서 돌아서서 다시는 죄짓지 않겠다고 마음먹습니까? 삶을 바꾸기로 다짐합니까? 아니면 그저 죄를 용서받기 위해 잘못한 일들을 나열하고 있습니까?

죄를 고백만 하는 것으로는 충분하지 않습니다. 또 용서만 받는 것으로도 충분하지 않습니다. 죄를 버려야 할 필요가 있습니다. 내가 하느님께 드리지 않은 것, 즉 주님의 사랑에 대해 사랑을 담아 응답을 드려야 합니다. 하느님께서는 우리 마음을 변화시켜 당신 마음과 같게 만드시고자, 우리가 당신 사랑에 우리의 온 존재로 응답하기를 요청하십니다.

가거라. 그리고 이제부터 다시는 죄짓지 마라. … 내가 너를 사랑한 것처럼 사랑하여라. … 네가 용서받았으니 너도 그렇게 용서해 주어라. … 네 아버지께서 자비하신 것처럼 너도 자비로운 사람이 되어라. … 나, 주 너의 하느님이 거룩하니 너도 거룩한 사람이 되어야 한다.30

고해성사를 통해 우리를 부르시는 하느님의 초대에 우리가 온전히 응답한다면 용서는 단지 우리 기분을 좋게 만드는 것이 아니라, 우리를 다시 창조합니다.

누구든지 그리스도 안에 있으면 그는 새로운 피조물입니다. 옛 것은 지나갔습니다. 보십시오. 새것이 되었습니다.

2코린 5,17

성 요한 바오로 2세 교황은 한 성목요일 연설에서, 고해소에서 이루어지는 우리와 그리스도의 성사적 만남을 자캐오가 그리스도를 만나는 복음서의 놀라운 이야기(루카 19,1-10 참조)에 견주어 설명했습니다. 예수님은 예리코에 들어가셨고 많은 군중에 둘러싸여 도시를 통과하고 계셨습니다. 예리코의 세관장인 자캐오는 예수님을 보려고 돌무화과나무에 올라갔습니다. 아마도 그는 우리가 이따금 피상적으로 성사에 접근하듯이 그저 호기심에서 예수님을 보려고 했을 것입니다. 성 요한 바오로 2세 교황은 이렇게 썼습니다.

> 자캐오는 자신을 움직이게 한 호기심이 이미 그보다 선행하여 그의 관심을 끌었고 그의 마음 깊은 곳에서 그를 변화시킬 자비의 열매임을 알지 못했습니다.[31]

예수님은 그 나무 아래 이르러 자캐오를 올려다보시고 그의 이름을 부르시며 말씀하셨습니다. "자캐오야, 얼른 내려오너라. 오늘은 내가 네 집에 머물러야 하겠다."(루카 19,5)

성 요한 바오로 2세 교황은 이렇게 설명합니다. "이 죄인의 집은 곧 계시의 장소, 자비의 기적이 벌어지는 현장이 될 것입니다."[32] 그러나 자비는 "응답을 충족시키는 한에서 성취되므로"(8항), 자캐오가 자기 마음을 이전의 '부당하고 부정한 방식'에서 해방시키지 않는다면 기적은 일어나지 않을 것입니다. 그리스도의 시선에 마음을 꿰뚫린 자캐오는 그분이 그토록 인격적이고도 친근하게 자기 이름을 부르시자 깜짝 놀라 즉각 응답했습니다.

"자캐오는 얼른 내려와 예수님을 기쁘게 맞아들였다."(루카 19,6) 자캐오의 마음은 완전히 변했습니다. 그는 자기 재산의 절반을 가난한 이들에게 주고, 자신이 횡령한 모든 사람에게는 네 배로 갚겠다고 약속했습니다. 그러자 예수님이 응답하십니다. "오늘 이 집에 구원이 내렸다."(루카 19,9) 이 대목에 대해 성 요한 바오로 2세 교황은 말합니다.

> 바로 이것이 모든 성사의 만남에서 일어나는 일입니다. 우리는 독립적인 회개의 여정을 통해 자비를 획득하는 것이 죄인 자신이라고 생각해서는 안 됩니다. 오히려 죄인을 회심의 길로 가게 하는 것은 자비입니다.
> 사람은 혼자서는 아무것도 할 수 없으며, 어떤 것도 누릴 자격이 없습니다. 고해성사는 하느님을 향해 가는 인간의 여정이기 이전에, 하느님께서 한 인격의 집에 찾아오시는 사건입니다.[33]

이러한 사실을 몇 년 전에 알았다면 얼마나 좋았을까! 고해성사는 하느님께서 나의 집에 찾아오시는 사건입니다. 하느님은 자캐오를 아셨듯이 우리 한 사람 한 사람을 아십니다. 그분은 우리의 모든 것, 즉 우리의 모든 죄와 약함, 감추어진 생각들까지도 보십니다. 그리고 우리 자신도 보지 못한 '아직 이루지 못한' 우리의 아름다움도 보십니다. 아직 우리가 다다르지 못한 본래의 우리 존재를 말입니다. 그리고 모든 것을 포용하고 치유하는 사랑의 눈길로 그분은 우리 각자의 이름을 부르시고 그분 자신을 우리의 집으로 초대하십니다. 우리가 고해성사를 보러 가는 것이 아닙니다. 우리는 이 예수님과의 만남에 부름을 받았습니다. 우리가 예수님을 사랑하는 것은 그분이 먼저 우리를 사랑하셨기 때문입니다. 이 사랑을 신뢰하며 우리는 이 성사에 참여합니다. 우리 마음과 삶을 변화시키도록 부름을 받고, 이미 하느님 마음속에 있던 본래의 우리 자신이 됩니다. 새 포도주를 새 부대에 받았으니 우리도 시에나의 성녀 가타리나와 함께 노래할 수 있습니다.

> 나는 당신의 모상을 입었으며 내가 되어야 할 존재를 보았나이다. 당신은 나의 창조주, … 나는 당신의 피조물. 당신은 당신 아드님 피로 나를 새 피조물로 만드셨나이다.[34]

일곱 번째 비밀
사슬을 벗어 버려야 한다

그분을 따르지 못하게 우리를 묶고 있는 사슬을 벗어 던집시다.[35]

성 아우구스티노

지금까지 살펴본 개념들은 모두 '기쁜 소식'으로 요약될 수 있습니다. 즉 자비로운 아버지 하느님께서 언제나 우리를 사랑하시고 기꺼이 우리를 용서하실 뿐만 아니라 치유해 주시고 당신 자녀로 회복시켜 주시며 당신을 닮은 모습으로 우리를 다시 창조해 주신다는 기쁜 소식(복음)입니다.

다음은 '나쁜 소식'입니다. 그것은 그분의 사랑과 용서와 치유와 회복을 모두 가로막을 수 있는 장애물이 있다는 것입니다. 대부분의 경우에 우리는 이 장애물을 의도하지도, 잘 알지도 못합니다. 하느님을 가로막을 수 있는 것이 있다니요? 네, 있습니다. 하느님은 완전히 자유로운 존재이시므로 과감히 우리를 자유로운 존재로 창조하셨고, 결국 그분과 함께 살 수 있도록 당신과 닮은 존재로 만드셨습니다. 하느님께서 친히 우리를 자유로운 존재로 만드실 것을 선택하셨으므로 하느님은 절대 그 자유를 침해하지 않으십니다. 그분은 우리의 올바른 결정을 돕고자 사랑으로 끊임없이 우리를 살피십니다. 하지만 그분은 결코 그 사랑을 강요하지 않으시며, 오히려 우리가 그분의 사랑을 가로막을 수 있는 행동들이 있습니다.

장애물 하나, 부족한 믿음

복음서 내용을 다시 생각해 봅시다. 복음서에서는, 사람들의 믿음이 부족했던 탓에 그리스도께서 기적을 행할 수 없었던 곳들(그분의 고향을 포함해)이 있었습니다(마르 6,4-5 참조). 반면 그리스도께서 당신의 권능은 구체적으로 한 사람이 가진 믿음의 결과라고 말씀하시는 대목도 있었습니다. "네 믿음이 너를 구원하였다."라고까지 말씀하셨습니다(마태 9,22; 마르 10,52; 루카 7,50; 루카 18,42 참조).

단순히 그저 믿기만 하는 것이 아니라 행동으로 실천하는 살아 있는 믿음이 필요합니다. 이는 하느님께서 우리를 정말로 사랑하시고 우리 삶의 '모든 것을 선으로 이끄실' 의지와 능력이 있으심을 확신하며 그분께 의탁하는 것입니다. 신뢰는 하느님의 자비를 끌어냅니다. 신뢰가 부족하면 하느님의 자비를 가로막습니다. 하느님은 이러한 사실을 여러 방식으로 파우스티나 성녀에게 알려 주셨고, 다음과 같이 말씀하셨습니다.

나는 너의 신뢰에 의지하려 한다. 너의 신뢰가 크면, 나의 관대함은 끝이 없을 것이다.

「일기」, 548

장애물 둘, 우상 숭배

"잠깐만요, 나는 우상을 숭배하지 않아요!"

아니요, 여러분은 우상을 숭배합니다. 물론 황금 송아지를 만들어 집안에 마련한 제단 위에 올려놓고는 마치 그것이 신적 권능을 지닌 살아 있는 존재라도 되는 듯 그 앞에 절하는 일 따위는 하지 않을 겁니다. 그러나 「가톨릭 교회 교리」의 설명과 같은 보다 심각한 우상 숭배가 더 많습니다.

> 우상 숭배는 단지 이교의 그릇된 예배에만 관계되는 것은 아니다. … 우상 숭배는 하느님이 아닌 것을 신격화하는 것이다.
>
> 2113항

하느님이 아닌 것을 신격화하는 것. 이는 십계명의 첫 계명이 명백히 금하고 있는 것입니다. 하느님은 분명히 말씀하십니다. "나는 … 주 너의 하느님이다. 너에게는 나 말고 다른 신이 있어서는 안 된다."(탈출 20,2-3) 그리고 예수님 또한 말씀하십니다. "주

너의 하느님께 경배하고 그분만을 섬겨라."(루카 4,8)

우리가 섬기면 안 된다고 하는 이 '다른 신들'은 무엇입니까? 「가톨릭 교회 교리서」에서는 주님이신 하느님께 합당한 자리에 놓으려고 하는 것은 무엇이나 우상이 될 수 있음을 분명히 밝히고 있습니다(2114항 참조).

신학자 스콧 한의 설명처럼 "어떤 의미에서 모든 죄는 우상 숭배의 한 형태입니다. 즉 창조주보다 피조물을, 주시는 분보다 주어진 것을 더 사랑하는 것입니다."36 악하지 않고 좋은 것도 우상이 될 수 있습니다. 자기 일이나 외양, 사회생활, 스포츠 행사, 심지어 신앙 활동도 우상이 될 수 있습니다. 지나치게 집착한 나머지, 다른 사람들에 대한 책임에 소홀해지고 하느님을 삶의 중심에 두지 않게 되는 것은 무엇이나 우상이 될 수 있습니다.

누가 왕좌에 앉아 있는가?

우리의 우상이 무엇인지 깨닫는 데 정말 도움이 되는 이미지 하나를 살펴보겠습니다. 그리스도께서 하느님 나라는 우리 가운데 있다고 하신 복음 말씀(루카 17,21 참조)을 기억합니까? 우리 마음이 하느님의 나라이고, 모든 왕국에서 그러하듯이 그 나라에도 왕좌에 앉은 왕이 있습니다. 문제는 바로 그것입니다. '누가 그 왕좌에 앉아 있는가?' 왕좌에 앉은 이가 예수 그리스도가 아니시라면 문제가 있는 것입니다. 그럼 해결책은 무엇일까요? 한 오래된 찬미가 가사에 그 해결책이 잘 나와 있습니다. "거짓된 우상들을 모두 왕좌에서 쫓아 버려라. 오직 한 분이신 하느님만이 주님이시다."

교황 프란치스코는 이것이 우선순위의 문제임을 지적합니다. 알게 모르게 우리 모두에게는 '중요하다고 생각하는 것들 가운데 매우 분명한 우선순위 체계'37가 있습니다. 우리는 그리스도를 주님으로 인정하고 그분만을 섬겨야 합니다.

> 주님을 섬기는 것은 마땅히 그분이 차지하셔야 할 자리를 그분께 드리는 것을 의미합니다. … 그분을 섬기는 것은 우리에게 있는 우상들을 가장 깊이 감추어진 것까지 모두 버리고 주님을 그 중심으로 선택하여 우리 삶의 정도正道로 삼는 것입니다.

여기서 핵심을 놓쳐서는 안 됩니다. 사물은 문제가 아닙니다. 사람도 문제가 아닙니다. 특정한 목적과 활동도 문제가 아닙니다. 문제는 바로 이들을 통해 만족을 얻으려는 우리의 열망과 집착에 있습니다. 우리의 욕망이 너무 무질서해져 하느님이 아닌 다른 어떤 것에 지나치게 집중하고 애착하고 의존할 때입니다. 이 무질서한 욕망이 초래하는 궁극적 결과는 무엇일까요? 속박입니다. 이 우상은 우리를 종으로 삼아 "우리 자신에게만 집착하게"38 만들어, 자기 욕구의 볼모가 되게 합니다. 이 속박에서 벗어나 자기 자신을 자유롭게 하려면 우리는 다시 그리스도께 초점을 맞추고, 다른 곳에서 찾았던 사랑과 평화, 기쁨과 안전, 성취를 그리스도께 청해야 합니다.

장애물 셋, 아버지 트라우마

앞서 보았듯이 하느님은 우리의 창조주이실 뿐 아니라 아버지이십니다. 하느님은 우리 한 사람 한 사람을 선택하셨고, 아버지가 되어 우리를 존재하게 하셨으며, 언젠가 당신과 함께 영원히 함께할 수 있도록 당신 모습대로 우리를 만드셨습니다. 우리가 이것을 의식하든 하지 못하든, 우리 몸의 모든 세포와 전 존재는 이 아버지께 속하기를 갈망하며 그분의 사랑 안에 살기를 바랍니다. 마치 하느님의 계획에 담긴 이 궁극적 목적을 기대하듯이, 우리 각자는 사랑과 인정과 지지와 존경과 동의와 평가를 받고 싶은 붙박이 욕망과 욕구를 가지고 있습니다. 그러므로 우리는 삶에서 이러한 아버지의 사랑을 보여 주어야 할 누군가가 그렇게 하지 못할 때마다 상처를 받으며, 너무 깊은 상처일 때도 있습니다. 그 누군가는 실제 아버지일 수도 있고, 어머니나 형제자매, 교사, 사제, 직장 상사, 친구 등 아버지를 대체할 다른 사람일 수 있습니다. 하느님의 사랑처럼 우리를 지지해 주는 다정한 사랑을 주어야 할 이들이 오히려 분노나 비판, 불만, 조롱, 거부, 무관심, 배신을 비롯해 다른 어떤 부정적 반응을 보일 때 우리는 자신이 사랑받지 못하는 하찮은 존재가 된 듯한 기분을 느낍니다. 우리를 사랑하시는 하느님을 믿지 못하는 사람이 많습니다. 이런 사랑을 경험한 적이 전혀 없기 때문입니다. 그들에게 이런 사랑을 보여 주었어야 했을 사람들이 그렇게 하지 않은 탓입니다. 우상들처럼 이렇게 생긴 상처도 우리를 불구로 만들고 종으로 만들어, 다른 사람들과 하느님을 향한 우리의 마음과 정신을 가로막으며, 스스로 가장 단단하고 위험하다고 생각되는 장애물을 우리 자신 안에 세우게 합니다.

장애물 넷, 용서하지 않는 마음

「가톨릭 교회 교리서」에는 주님의 기도에 대한 매우 자세하고 아름다운 대목이 있습니다. 그대목은 우리를 향한 하느님의 사랑을 찬양하며 시작합니다. 하느님께서 우리를 당신 자녀로 삼아 주셨기에 우리는 '감히' 하느님을 우리 아버지라 부를 수 있습니다. 우리는 그분께 속하며, 우리를 향한 '아버지의 사랑은 경계가 없습니다.'(2793항 참조) 너무 멋지지 않습니까? 하느님의 사랑은 경계가 없습니다. 문제는 이를 받아들이는 우리입니다. 그분의 사랑은 무조건적이지만 우리가 그것을 받아들일 수 있는지는 한 가지 중요한 조건에 따라 완전히 달라집니다.

저희에게 잘못한 이를 저희가 용서하오니 저희 죄를 용서하시고

「가톨릭 교회 교리서」는 이 '엄격한 요구 사항'을 설명하면서, 우리는 주님의 기도를 바칠 때 "대담한 신뢰심"을 가지고 기도할 수 있다고 말합니다(2839항 참조). 우리는 죄인이지만, '성사를 통해 우리에게 부어 주시는 하느님의 용서하시는 사랑과 자비에 굳건한 희망'을 느끼기 때문입니다. 그런데 정신이 번쩍 들게 하는 내용이 이어집니다.

우리에게 잘못한 이들을 우리가 용서하지 않는 한, 하느님의 넘치는 자비가 우리 마음속으로 스며들 수 없다.

2840항

하느님은 '우리 아버지'십니다. 하느님은 자녀들을 축복하시고 우리 마음에 당신 사랑을 넘치도록 쏟아부어 주시고 싶어 하십니다. 그런데 우리가 우리에게 잘못한 이들을 용서하지 않는다면 이 넘치는 하느님의 사랑은 우리 마음에 '스며들 수 없다'는

것입니다! 정말 무서운 일입니다. 여기서 끝이 아닙니다.

> 우리의 형제자매를 용서하기를 거부한다면, 우리 마음은 다시 닫히고 굳어져서, 아버지의 자비로운 사랑이 스며들 수 없게 된다.
>
> 2840항

'스며들 수 없게 된다'는 말의 의미를 알고 있습니까? 이 말은 마치 바위 위로 물이 스미지 않고 흘러내리듯이, 우리 마음에 아무것도 들어올 수 없음을 말합니다. 이 대목을 처음 읽었을 때 나는 죽을 만큼 겁이 났습니다. 나는 매일 미사에 참석해 영성체하고, 매일 하느님 자비의 기도를 바치며 좋은 사람이 되려고 노력했습니다. 나는 태어나서부터 평생 가톨릭 신자로 살았습니다. 그런데 지금 「가톨릭 교회 교리서」는 나를 향해 이렇게 말하고 있는 겁니다.

그게 무슨 대수라고! 그래, 너는 옳은 일들을 좀 하고 있긴 해. 하지만 큰 문제가 하나 있지. 비니, 하느님의 사랑이 네 안에 들어갈 수가 없단 말이야. 네 마음에 용서하지 않는 마음이 있기 때문에!

이런! 물론 나는 계속 같은 문제를 가지고 고해성사를 보러 갑니다. 또 내가 원하는 삶의 변화를 일으키는 데 여전히 어려움을 겪고 있습니다. 앞에서 본 이미지로 다시 돌아가 봅시다. '누가 왕좌에 앉아 있습니까?' 그리스도께서 내 마음의 왕좌에 앉아 계십니까? 아니면 용서하지 않는 마음이 그리스도를 밀어내 버렸습니까? 그리스도께서 내 마음의 통치자가 되셨습니까? 아니면 분노와 원한과 적의가 내 마음을 단단하게 하고 하느님을 향해 닫아 버리게 했습니까?

그래서 나는 즉시 자리에 앉아 내 마음의 체크 리스트를 들여다보았습니다. '그래, 내가 용서해야 할 사람은 누구지? 누구에게 화가 나 있나? 누구에게 반감을 품고 있나? 불만을 곱씹고 있는 건 아닌가? 내면에 여전히 살아 꿈틀대면서 대인 관계를 망쳐 버리는 불쾌하고 가슴 아픈 기억들이 있지는 않나?'

누군가가 떠오를 때마다 그들을 용서하고, 하느님 앞에 데려와 용서와 축복을 구하고자 최선을 다했습니다. 그것은 나를 자유롭게 하는 경험이었고, 기분이 좋아졌습니다. 하지만 그것으로 끝난 것이 아니었습니다. 결국 나는 내 마음속에 무엇이 있는지 더 잘 들여다본 후 깨달았습니다. 마음속에 부정적인 것들이 많았는데, 짜증과 분노와 좌절과 분개 등 모든 감정이 사실은 사람이 아니라 상황이나 환경, 충족되지 못한 욕구, 응답받지 못한 기도, 어긋난 계획과 관련된 것이었습니다. 나는 굴곡진 삶 자체를 용서할 필요가 있음을 깨달았습니다. 그리고 무엇보다도 내가 짜 놓은 각본대로 따라 주지 않으신 하느님을 용서할 필요가 있음을 알게 되었습니다.

그리고 갑자기 깨달은 사실은, 미리 알거나 의도하지 않았음에도 내가 주님의 기도를 반대로 뒤집어 놓았다는 것이었습니다. 내 마음은 내 입술이 기도하고 있는 것을 반영하지 않았습니다. 하느님의 뜻을 받아들이는 대신에 나는 매 순간 그분이 내 뜻을 따르게 하려고 애쓰고 있었습니다. '아버지의 뜻이 이루어지소서.'는 '나의 뜻을 이루어 주소서.'가 되었고, 내 뜻대로 되지 않자 마음이 온통 용서하지 않는 마음으로 가득 찼습니다.

내가 미리 알거나 의도하지 않았음에도 이런 일이 벌어졌다고 말했습니다. 이 사실을 기억하는 것이 정말 중요합니다. 우리가 살펴본 다른 모든 장애물처럼 용서하지 않는 마음도 그 형태는 다양해도 대부분 의도한 것이 아닐 때가 많습니다. 보통 우리는 믿음이나 신뢰가 약해진 상태 그대로 머물러야겠다고 의식적으로 결정하지 않습니다. 하느님보다 다른 것을 더 중요시하겠다거나, 상처가 났으니 절뚝거리며 걷겠다거나, 혹은 절대 용서하지 않는 마음만 지니겠다고 의식적으로 결심하는 사람은 거의 없습니다. 이러한 장애물들을 찾아내는 법을 배우지 않는 한, 우리는 장애물이 있다는 사실조차 알아채지 못합니다. 그런 탓에 이 장애물들은 너무도 위험하며, 우리를 마비시켜 영적으로 성장하지 못하게 합니다.

마비에 대해 이야기하자면, 한 가지 더 제시하고 싶은 이미지가 있습니다. 바로 이번 장의 제목과도 관련이 있는, 사슬의 이미지입니다. 우리의 죄는 사슬입니다. 의심, 걱정, 불안은 사슬입니다. 우리의 우상은 사슬입니다. 우리의 상처, 용서하고 싶지 않은 마음도 사슬입니다. 이 사슬들은 모두 그 길이와 무게가 다르지만, 우리를 가두고 짓누릅니다. 사도 바오로는 영적인 삶을 '달리는 것'(2티모 4,7 참조)이라고 말했습니다. 목에 사슬이 묶여 있다면 결코 잘 달릴 수 없습니다. 나는 너무 많은 사슬에 묶여 있어서 간신히 걷는 것조차 힘들 때가 있습니다.

몇 해 전 형제님들을 위한 피정에서 매우 시각적이면서 재미있게 이러한 이미지를 제시한 적이 있습니다. 나는 커다란 가방에 두께와 길이와 무게가 각기 다른 쇠사슬을 가득 채워 들고 들어가 이야기를 시작했습니다. 먼저 참가자 한 분에게 나를 좀 도와달라고 부탁했습니다. 그분은 젊고 한눈에도 매우 건장해 보였습니다. 규칙적인 운동으로 신체를 단련하고, 암벽 등반과 철인 3종 경기에도 나갔던 청년이었습니다. 나는 그를 무대 위로 올라오게 한 뒤에 사람들에게 우스운 질문 하나를 던졌습니다.

"제임스와 제가 지금 당장 달리기 시합을 하면 누가 이길까요?" 사람들이 한바탕 웃음을 터뜨렸습니다.

나는 길고 무거운 사슬이 가득 담긴 가방을 가까이로 끌어온 다음 말했습니다. "이게 무엇인지 아십니까? 이건 바로 원죄입니다." 나는 사슬 하나를 제임스의 목에 둘렀습니다. "여러분은 옳지 못한 일인 줄 인식하면도 그 일을 저질러 본 적이 있습니까?" 모두가 천천히 손을 들었습니다. 나는 상대적으로 작은 사슬 하나를 제임스의 목에 두르면서 그것을 '의도적인 죄'라고 불렀습니다. 이어서 다음 질문들을 던졌습니다. "여러분은 마음과 정신 안에 사람이나 성공, 돈, 경력, 취미 등 어떤 것이 너무 많은 자리를 차지하게 내버려 둔 적이 있습니까?" "무언가에 중독되거나 나쁜 습관에 빠져 문제가 된 적이 있습니까?" "아버지나 어머니, 권위 있는 인물이나 고용주, 혹은 친구에게 비난, 오해, 버림, 무시, 학대를 당했다고 느낀 적이 있습니까?" 질문을 하나씩 던져질 때마다 가엾은 제임스의 목에는 점점 더 많은 사슬이 둘러졌습니다.

그리고 나는 다시 다음 질문들을 던졌습니다. "바로 지금 이 순간, 다른 누군가에게 원한을 품고 있지는 않습니까?" "용서하고 싶지만 용서하기 어려운 무엇인가가 있습니까? 상처를 준 사람이나 불쾌했던 상황, 혹은 하느님?" "흘려보내지 못하고 계속 반복되는 분노나 원한의 감정이 있습니까?" 나는 가장 크고 무거운 사슬을 제임스의 목에 둘렀습니다. 그것은 '용서하지 않는 마음'입니다. 그리고 사람들을 향해 돌아서서 물었습니다. "이제 우리가 달리기 시합을 하면 누가 이길 거라고 생각하십니까?"

그때 전혀 미리 계획되지 않은 일이 벌어졌습니다. 제임스가 바닥에 무릎을 꿇으면서 두 팔을 옆으로 벌린 것입니다. 처음에는 그가 무언가 극적 효과를 노리고 일부러 그런 것이라고 생각했습니다. 그런데 나중에 그의 이야기를 들어 보니, 그럴 의도는 전혀 없었던 게 분명했습니다. 단지 그는 목에 두른 사슬이 너무 무거워서 더 이상 견딜 수 없었고, 무릎이 꺾이면서 균형을 잡기 위해 두 팔을 옆으로 벌렸던 것입니다. 어쨌든 상황은 내가 사람들에게 하려던 이야기와 완벽히 맞아떨어졌습니다. "우리의 사슬을 제거할 수 있는 유일한 방법은 십자가에 달리신 그리스도께 그것을 내어 드리는 것입니다."

> 우리를 구속救贖하신 분은 그리스도이십니다. … 그리스도께서는 사람들이 보는 앞에서 우리의 짐을 짊어지시고 그것을 십자가에 달아 놓으셨으며, … 우리의 족쇄를 푸시고 우리의 사슬을 부수셨습니다. … 우리는 주님의 피로 이 사슬에서 풀려나 자유로워졌습니다.[39]

다섯 번째 비밀을 다루면서 영원한 현재를 설명하고 내가 만든 노래의 첫 구절을 여러분과 나누었습니다. 그 노래는 어떻게 그리스도께서 십자가로부터 우리에게 닿아서 우리의 모든 죄를 짊어지시고, 돌아가심으로써 '단 한 번에' 모든 죄를 없애시는지를 표현했습니다. 그런데 나는 또한 우리가 이 용서와 치유에 다가가야 한다고도 설명했습니다. 그리스도만이 아니라 우리도 무엇인가를 해야 합니다. 제임스에게로 다시 돌아갑시다. 그는 두 팔을 벌려 십자가 모양을 이루며 바닥에 무릎을 꿇었습니다. 나는 그가 일어설 수 있게 도와준 다음 그에게 손을 내밀었습니다.

사슬을 나에게 주세요.

이 부분은 미리 연습했던 대로입니다. 제임스는 잠시 망설이다가 고개를 저으며 두렵다는 듯이 뒤로 물러났고 사슬을 내어놓지 않았습니다. 나는 다시 손을 내밀며 말했습니다.

사슬을 나에게 주고 사슬에서 놓여나세요.

제임스는 또 망설였지만, 이번에는 사슬 하나를 천천히 내 손에 건넸습니다. 그리고 사슬을 하나씩 하나씩 (점점 더 빠르게) 내게 건넸습니다. 나는 사슬을 받아서 하나씩 내 목에 걸었고, 결국 제임스의 목에 걸려 있던 모든 사슬이 내 목에 걸려 있게 되었습니다. 나는 사람들을 향해 돌아서서 말했습니다.

> 십자가의 영원한 현재에서 그리스도는 여러분의 목에서 사슬을 벗겨 내 바닥에 던져 버리고자 시간과 공간을 가로질러 고해소 안으로 오십니다. 그리스도께서는 그 사슬들을 부수어 여러분을 자유롭게 풀어 주시고자 여러분에게 더 이상 사슬에 연연하지 말고 놓아 버리라고 요청하고 계십니다.

이 말을 하며 나는 이제 내 목에 걸린 사슬들을 모두 들어내 바닥으로 던져 버렸습니다. 내가 이야기하는 사슬이란 이미 우리가 고백한 죄스러운 행동의 사슬만이 아닙니다. 그 사슬은 이미 제거했습니다. 특히 고해소에서 죄를 인정하고 하느님께 내어 드릴 때, 그것은 곧 2000년 전 십자가에 달리신 예수 그리스도께 내어 드리는 것이고 바로 그분께서 내 죄를 취하시는 것입니다. 그렇게 해서 우리가 짊어진 짐은 조금 가벼워집니다. 내가 말하고자 하는 바는 여러분과 내가 아직 인식하지 못했거나 그리스도께 내어 드리지 못한 사슬입니다. 그리스도께서는 우리에게서 그 사슬을 받고자 하십니다. 그분께서는 그 사슬을 모두 없애시길 원하십니다. 아버지 하느님은 우리가 사슬에서 벗어나기를 바라십니다. 하느님은 우리가 자유롭기를 바라십니다. 하느님은 우리를 당신 자녀로 창조하셨지만, 우리는 그분의 자녀가 되기에 자유롭지 못합니다. 제임스처럼 우리는 이 사슬들, 특히 상처받아 생긴 '용서하지 않는 마음'이라는 사슬에 너무나 짓눌려 있습니다.

고해성사에 관한 강연을 할 때면 나는 이 형제님들을 위한 피정에서와 비슷한 질문들을 던집니다. "누군가에게 큰 상처를 받은 경험이 여기 계신 분들도 있으시지요? 배신을 당하거나 무시나 모욕을 당하거나 조종당하고 이용당하고 혹사당했다는… 그런 느낌 말입니다. 다른 사람이 저지른 감정적, 정신적, 육체적 폭력을 경험한 분들도 계시지 않습니까?" 이런 질문을 던지고 사람들에게 주위를 둘러보라고 하면, 손을 들지 않은 사람이 하나도 없다는 것을 발견하게 됩니다.

이 문제를 정면으로 다루어 봅시다. 우리는 모두 다른 사람들에게 상처를 받습니다. 우리를 정당하게 대우하지 않는 사람들, 필요할 때 곁에 있어 주지 않은 사람들, 타인을 배려할 줄 모르고 요구 사항만 많은 사람들, 불합리하고 의지할 수 없는 사람들, 거만하고 비판적인 사람들, 정직하지 않고 심술궂기까지 한 사람들 등이 주변에 널려 있습니다. 더구나 우리가 통제할 수 없는 사건이나 상황, 환경으로 인해 삶 자체가 우리를 힘들게 할 때도 있고, 그래서 우리는 실망하고 좌절하고 화가 나고 우울해질 때가 많습니다. 우리는 모두 이런 상처들을 지니고 있습니다! 하지만 우리를 절뚝거리게 하고 사슬로 묶어 두는 것은 이러한 상처들이 아닙니다. 그 상처들에 대응하는 방식이 우리를 자유롭지 못하게 합니다.

상처받았을 때 우리의 대응 방식은 자기 자신도 모르는 사이에 스며드는 죄를 유발할 수 있습니다. 어떤 식으로든 상처받았다고 느끼면, 곧 사람이나 상황 혹은 삶 자체에 희생되었다고 느끼면 우리는 누군가를 비난하거나 어떻게든 되받아치려고 하면서 지극히 인간적인 반응을 보입니다. 그래서 우리는 분노, 적의, 원한, 판단, 반항 등 그리 유쾌하지 않은 생각과 감정으로 대응하곤 합니다. 소리를 내어 말로 반응해서 혀로 죄를 짓기도 합니다. 또는 아무 말도 하지 않고 모든 부정적인 반응을 마음과 정신 깊이 쌓아 두기도 하는데, 그러면 그 부정적인 반응은 점점 자라나 마치 종양처럼 우리를 야금야금 갉아먹습니다. 때로는 자기 안에 담아 두었던 것들을 '말하기도' 합니다. "나는 그 사람이 정말 싫어!" "정말 그 여자처럼 되고 싶지 않아." "뭐 이런 인간이 다 있어!" "그냥 콱 죽어 버려라!" 등등. 누구나 잘 알고 있는 반응일 것입니다. 이런 부정적인 반응이 마음과 정신에 남아 있도록 하면 그때마다 목에 사슬을 하나 더 두르는 것입니다. 이것이 바로 온갖 형태의 '용서하지 않는 마음'이며, 우리는 그것을 제거할 필요가 있습니다. 사도 바오로는 이렇게 말합니다.

> 모든 원한과 격분과 분노와 폭언과 중상을 온갖 악의와 함께 내버리십시오. 서로 너그럽고 자비롭게 대하고, 하느님께서 그리스도 안에서 여러분을 용서하신 것처럼 여러분도 서로 용서하십시오.
>
> 에페 4,31-32

이러한 문제를 없애기 어려운 이유 가운데 하나는 우리가 당연히 '옳기' 때문에 우리의 반응이 정당해 보이는 경우가 많다는 것입니다. 우리는 다른 사람에게 부당한 대우를 받았고, 그래서 종종 우리가 어떻게 피해자가 됐는가 하는 '우리 이야기'를 하면서 상처 안에서 위로를 찾습니다. 때로는 마음속으로 '자기 위로와 재연'을 하면서 그 이야기들을 늘어놓기도 합니다. 계속해서 상처를 떠올리고 거기에 머무릅니다. 다른 사람에게 이야기할 때도 있습니다. 그런데 그렇게 하면 할수록 그 사람이나 상황, 심지어 하느님을 향해서까지 분노와 원한은 더욱 커지기만 합니다. 그러다 보면 그렇게 하는 것이 버릇이 되기도 합니다. 자기 이야기에 애착이 생기는 것입니다. 그런 말을 하다 보면 자기 자신이 부당한 일을 겪은 옳은 사람인 것 같은 느낌이 들기 때문입니다. 또 다른 사람들에게서 동정을 이끌어내기도 하고 우리의 부정적인 반응을 정당화하는 데 도움이 되기도 합니다. "내가 얼마나 부당한 대우를 받았는지 보라고. 나는 이런 감정을 느낄 권리가 있어!" 하지만 그것은 옳고 그름의 문제가 아니며, 축복 혹은 저주를 선택하는 문제입니다. 매일의 삶에서 마주치는 모든 교차점에서 우리에게는 선택권이 주어집니다. 이런 상황, 환경, 다른 사람과의 만남에서 나는 축복으로 응답하고 있는지요, 아니면 저주로 응답하고 있는지요? 나는 어둠 속에 빛이 되려고 하는지요, 아니면 어둠을 저주하며 그 일부가 되려 하고 있는지요? 사도 바오로는 우리에게 권고합니다.

> 여러분을 박해하는 자들을 축복하십시오. 저주하지 말고 축복해 주십시오.
>
> 로마 12,14

사도 베드로 또한 이렇게 말합니다.

> 악을 악으로 갚거나 모욕을 모욕으로 갚지 말고 오히려 축복해 주십시오. 바로 이렇게 하라고 여러분은 부르심을 받았습니다.

그것은 여러분이 복을 상속받게 하려는 것입니다.

1베드 3,9

어떻게 하면 저주하고 싶을 때에, 심지어 나에게 저주할 권리가 있다고 느껴질 때도 축복하는 법을 배울 수 있을까요? '3R'이라고 불리는 간단한 연습이 필요합니다. '3R'이 무엇이냐고요? (물어봐 주셔서 감사합니다.)

3R

운전 중에 갑자기 다른 차가 끼어들면 급하게 브레이크를 밟아야 합니다. 그럴 때는 속으로 욕을 하며 바짝 긴장해서 몸에 힘도 들어가고 얼굴 표정도 찡그리게 됩니다. "뭐 저런 인간이 다 있어! 운전할 줄을 알긴 하는 거야?" 그러나 이내 점차 긴장이 풀리면 여러분은 스스로 축복이 아니라 저주를 택했다는 사실을 깨닫게 됩니다. 그렇다면 우리는 어떻게 해야 할까요? '3R'을 실천해야 합니다.

1) 뉘우쳐야 합니다(Repent). "주님, 또 같은 잘못을 저질렀습니다. 제 반응을 뉘우칩니다. 제 생각과 판단과 분노와 말을 뉘우칩니다."

2) 되돌려야 합니다(Revoke). "이 모든 부정적이고 매정한 생각들을 되돌리려 합니다, 주님. 이 생각들을 생각하지 않고 이 말들을 말하지 않은 상태로 돌아가려 합니다."

3) 바꾸어야 합니다(Replace). "이 '저주'를 축복으로 바꿉니다, 주님. 그를 용서하고 그를 축복합니다. 주님께서 그를 축복하시기를 청합니다."

언제 어디서나 이 3R을 실천할 수 있습니다. 여러분 안에 부정적인 것이 있음을 인식할 때면 언제나 뉘우치고, 되돌리고, 바꾸십시오. 이렇게 하는 데 익숙해질수록 '용서하지 않는 마음'이 얼마나 빈번하게 여러분 마음속을 채우는지 더 많이 깨닫게 될 것입니다. 나는 이제 거의 매일 이 3R을 실천합니다. 하루에 여러 번 실천할 때도 있습니다. 그럴 때마다 나는 자유로움을 얻습니다!

사람과 상황에 축복으로 대응하는 또 하나의 방법은 예수님의 본을 따르는 것입니다. "그날 밤, 예수님은 배반을 당하셨습니다…." 이런 말을 이전에 들어 본 적이 있지요? 예수님은 이 부당한 일에 어떻게 반응하셨습니까?

그날 밤, 예수님은 배반을 당하셨습니다. 예수님은 제자들과 둘

러앉아 바리사이들과 사두가이들에 대해 불평하며, 그동안 당했던 온갖 수모에 분개했습니다.

또는 이런 것은 어떠합니까?

그날 밤, 예수님은 배반을 당하셨습니다. 그분은 제자들에게서 홀로 떨어져 나와 자신이 처한 비참한 상황을 되돌아보셨습니다. 누구에게도 이해받지 못했기에 예수님은 자신을 애처롭게 여기셨습니다.

또 이런 것은 어떻습니까?

그날 밤, 예수님은 배반을 당하셨습니다. 그분은 유다에게로 걸어가 그의 뺨을 후려쳤습니다.

모두 성경 기록과는 다르지요? 제자의 배신에 그리스도는 어떻게 반응하셨습니까? 폭력에는 어떻게 반응하셨던가요? 심지어 십자가에 달리실 때도 예수님은 어떤 반응을 보이셨습니까? 그리스도께서 보복을 원하셨습니까? 똑같이 '되갚아' 주기를 바라셨던가요? 귀 기울여 들어 주는 사람들에게 자기 이야기를 떠

벌이셨습니까? 겪었던 일을 속으로 곱씹으며 분노, 원한, 저항, 판단 등 온갖 용서하지 않는 마음을 정당화할 이유들을 늘어놓으셨습니까? 그리스도는 옳은 분이십니다! 그분은 어떠한 잘못도 저지르지 않으셨습니다. 그런데도 한 인격으로서 끔찍한 폭력을 겪어야 했습니다.

우리가 옳은지 그른지는 문제가 되지 않습니다!

여러분과 나는 다른 사람들에게 부당한 대우를 받은 적이 있습니다. 삶이 우리를 함부로 대하는 듯 느껴진 일도 있을 것입니다. 사실입니다! 하지만 계속 상처에 빠져 있으면서 스스로를 '용서하지 않는 마음'이라는 사슬로 묶어 두는 것은 전혀 도움이 되지 않습니다.

그리스도는 어떻게 반응하셨습니까? 그분은 이렇게 말씀하셨습니다. "아버지, 저들을 용서해 주십시오. 저들은 자기들이 무슨 일을 하는지 모릅니다." 그리고 바로 지금, 상처받는 모든 순간에 그리스도는 여러분에게 말씀하십니다. "용서하라, 용서하라, 용서하라."

여러분에게 용서받아야 할 사람들이 있습니까? 그렇다면 여러분은 그들에게 이야기할 필요가 있습니다. 가능하면 직접 만

나서 대화하는 것이 좋겠습니다. 고통을 부인하지는 마십시오. 여러분이 부당하다고 느꼈던 것을 부정할 필요는 없습니다. 그저 여러분이 받은 상처가 무엇인지 분명히 밝히고 용서하십시오.

"아버지는 나를 끔찍하게 대했어요. 그건 잘못된 일입니다. 끔찍한 일이지요. 아버지는 해서는 안 될 일을 하셨고, 나는 그 때문에 상처를 받았습니다. 하지만 나는 아버지를 용서합니다. 나는 하느님께도 아버지를 용서해 달라고 청합니다. 그리고 아버지를 축복합니다."

이렇게 할 때마다 우리는 스스로 사슬을 하나씩 벗는 것입니다. "나는 정말 엄마처럼 되고 싶지 않아."라거나 그와 비슷한 말을 한 적이 있다면 그 말을 돌이키십시오. 3R을 실천하는 것입니다.

"주님, 나는 그것을 뉘우칩니다. 지금 내 마음에 있는 이 분노와 원한과 판단을 뉘우칩니다. 나는 그것을 되돌리려 합니다. 그리고 바꾸려고 합니다. 나는 그를 축복합니다. 당신께서도 그를 축복하시기를 청합니다."

한번은 '용서하지 않는 마음'에 관한 강연 뒤에 나를 찾아온

젊은이가 있었습니다. 그는 어릴 적에 아버지가 죽기를 바랐던 것이 갑자기 기억났다고 했습니다. 그래서 잠시 시간을 내어 하느님께 그 일을 말씀드렸고, 돌이키기를 바랐습니다.

"주님, 나는 그 바람을 되돌리려고 합니다. 마음속에 있던 그 생각을 되돌리려고 합니다. 나는 아버지가 살아 있기를 바랍니다. 나는 아버지를 용서합니다."

그 순간 그는 자신에게서 무엇인가가 떨어져 나가는 것을 느꼈습니다. 여러 해 동안 자신이 지고 있는 줄도 몰랐던 짐이 떨어져 나간 것입니다.

또 다른 피정에서도, 거의 넋이 나간 듯 보이는 여자분이 다가와 함께 기도해 줄 것을 청했습니다. 그녀는 갑자기 떠오른 기억을 이야기했는데, 그 기억은 너무도 깊이 묻혀 있어서 그녀 자신도 그런 기억이 있는 줄 알지 못했다고 했습니다. 40년 만에 처음으로 자기가 어릴 때 아버지에게 성적으로 학대당했던 사실을 갑작스레 마주하게 된 것입니다. 우리는 용서와 축복의 기도로 그녀를 이끌었습니다. 그리고 마침내 그녀가 상처를 마주하고 놓아 버리고, 용서를 표할 수 있게 되었을 때 일어난 변화는 실로 놀라웠습니다. 그녀는 이제 다른 사람이 되어 있었습니다. 그

오랜 시간이 지난 뒤에 그녀는 마침내 자유로워진 것입니다.

다른 문제를 이야기하는 사람들도 있었습니다. 용서하려고 최선을 다해 보았지만, 기억은 계속 되돌아왔고, 상처는 다시 아팠으며, 부정적인 느낌들이 다시 덮쳐 왔습니다.

"용서할 수는 있지만, 잊을 수는 없습니다."

사실 이런 경험은 매우 흔합니다. 그럼 어떻게 해야 할까요? 어떤 이들은 이렇게 말할 겁니다. "자, 그냥 계속 노력해야 합니다. 더 열심히 노력해 보세요. 용서하고, 또한 잊어야 하기 때문입니다." 이런 말이 무척 현명한 조언처럼 들릴 수도 있습니다. 하지만 완전히 잘못된 조언이며, 아무 도움도 되지 않습니다. 상처를 잊지 못하고 있으니 무엇인가 잘못된 것이 있다고 암시하는 말은 더 많은 고통과 수치를 유발하고, 완전히 용서하고 자유로워지는 일을 더 어렵게 만듭니다. 이 부분은 매우 중요합니다. 그러니 여러분이 이 부분을 읽다가 잠이 들었다면 얼른 일어나 보십시오. 정말로 이런 말이 들릴 겁니다. "그렇습니다. 여러분은 용서해야 합니다. 하지만 잊을 수는 없겠지요." 다음에 누군가 "용서하고 잊어라."라고 말하는 것을 듣게 된다면 가서 「가톨릭 교회 교리서」를 읽어 보라고 하십시오. 앞에서 보았듯이 「가톨릭 교회 교리서」(2843항 참조)는 용서의 필요성을 강조하지만, 우리가 당한 모욕을 '느끼지 않고 잊는 것'은 우리 능력 밖이라고 인정합니다.

우리 대부분은 이러한 경험이 있을 것입니다. 우리는 솔직하고 신실하게 용서하려고 애를 쓰지만, 과거의 사건을 생각나게 하는 일이 벌어지고 기억이 갑작스레 떠오르면 우리는 그것을 되살려 냅니다. 다시 상처를 느끼고, 고통을 부정하거나 없애려고 해도 그 부정적인 힘은 더 늘어날 뿐, 용서하지 않는 마음을 떨쳐 낼 수 없습니다. 그때 우리는 무엇을 할 수 있을까요? 「가톨릭 교회 교리서」는 다음과 같이 말합니다.

> 당한 모욕을 더 이상 느끼지 않고 잊는 것은 우리의 능력을 넘어서는 일이다. 그러나 성령께 자기 마음을 바치는 사람은 모욕을 동정으로 바꾸며, 상심을 전구로 변화시켜 기억을 정화한다.
>
> 2843항

이 말의 의미는 무엇일까요? 잊으려고 노력하지 말라는 것입니다. 기억을 부정하려 하지 마십시오. 기억이 되살아난다면 그대로 두십시오. 또한 그 기억과 함께 고통도 다시 찾아온다면 그 또한 부인하지 마십시오. 그것을 받아들이고 이용하십시오. 어떻게 할까요? 여러분에게 상처를 준 그 사람을 참으로 용서할 수 있는 은총을 청하십시오. 그리고 기억의 동영상이 마음속에서 재생되고 옛 상처가 다시 느껴질 때마다 그 사람을 위한 기도로 그 기억과 상처를 성령께 봉헌하십시오. 그러면 차츰 그 기억도 정화되고 마음도 치유되며 상처는 그 힘을 잃게 될 것입니다. 그렇게 해서 여러분은 "원수를 사랑하여라. 그리고 너희를 박해하는 자들을 위하여 기도하여라."(마태 5,44) 하신 그리스도의 계명을 실천하게 됩니다.

(상처가 너무 깊고 이러한 시도를 당장 할 수 없다면 자신을 너무 몰아대지는 마십시오. 스스로에게 인내심을 가지고 마음을 성령께 맡기십시오. 여러분의 마음은 상처를 입었고 치유가 필요합니다. 그리고 치유에는 시간이 걸리기 마련입니다.)

이 대목을 쓰는 동안 사슬에 묶여 있는 사람들, 이 책을 읽을 사람들의 이미지를 머릿속에 떠올렸습니다. 아버지나 아버지 같은 사람에게 상처받은 사람들, 자녀를 잃은 사람들, 성폭행을 당한 사람들, 배우자와 이별한 사람들, 여러 방식으로 피해를 입은 사람들, 상처로 인해 죄에 갇혀 죄책감과 수치심에 마비된 사람들 말입니다.

어떤 이들은 그 사슬을 꼭 붙잡고 있습니다. 그들은 고통에 집착하며, 자기 이야기를 하고 또 함으로써 고통을 생생하게 유지합니다. 반면 기억으로부터 자신을 보호하고자 상처를 깊이 묻어 버림으로써 고통에서 달아나고자 하는 사람도 있습니다.

  나는 십자가에 달리신 그리스도께서 그들 모두에게 다정하게 손을 내밀고 계신 모습을 봅니다. 그리스도께서는 사슬을 풀어 그들을 자유롭게 해 주고 싶어 하십니다. 나는 여러분을 격려할 따름입니다. 고통에 집착하지도 말고 고통에서 달아나려고 하지도 마십시오. 여러분의 이야기를 (자기 자신이나 다른 누군가에게) 계속 이야기하지도 말고 기억들을 묻어 두려고 하지도 말고, 그저 모든 것을 하느님께 내어 맡기십시오. "주님, 제 마음속에 무엇이 있는지 볼 수 있게 도와주십시오. 치유되지 않은 상처가 있나요? 분노, 비통, 원한, 용서하지 못한 마음이 있나요? 주님, 제가 붙잡고 있는 것이 있나요? 제가 놓아 버리고 당신께 맡겨 드릴 사슬은 무엇인가요?"

> 비참과 쇠사슬에 묶인 채 어둡고 캄캄한 곳에 앉아 있던 그들. 이 곤경 속에서 그들이 주님께 소리치자 난관에서 그들을 구하셨다. 그들을 어둡고 캄캄한 곳에서 이끌어 내시고 그들의 사슬을 끊어 주셨다.
>
> 시편 107,10.13-14

주님께 우리의 사슬을 끊어 주시기를 소리쳐 청해야 합니다.

고해소보다 더 좋은 장소는 없습니다. 크든 작든 용서하지 않는 마음은 모두 없애 버리십시오. 그것의 정체를 밝히고 이름을 붙이고 하느님께 이야기하십시오. 그와 관련된 죄가 있든 없든 되도록 빨리 고해소로 가서 고해성사를 보십시오. 고해소는 그저 죄를 고백하는 장소가 아니라 상처를 치유하는 장소입니다. 고해성사는 계속해서 진행되는 치유의 과정입니다.

앞에서 십자가에서 우리를 보시고 우리 죄를 없애기 위해 다가오시는 그리스도에 관해 내가 만든 노래의 1절을 함께 나누었습니다. 이제 2절을 여러분과 함께 기도로 바치고 싶습니다. 우리의 십자가, 고통의 장소에서 고개를 들어 그리스도를 바라봅시다. 우리를 묶고 있는 사슬을 놓아 버리고 주님께서 우리를 치유하시도록 내어 맡깁시다.

> 나의 십자가에서
> 나는 당신 얼굴을 보고 당신을 사랑하나이다.
> 나는 당신 손길을 느끼고
> 당신께서 나를 치유하실 수 있음을 믿나이다.
> 당신 손에 내 죄의 사슬을 맡기며 청합니다.
> "하느님, 당신 사랑으로 저를 회복시켜 주소서."

맺음말

오일을 교환하십시오

이 회심과 축성의 성사에 자주 참여하지 않는다면,
거룩함에 이르고자 하는 갈망은
한낱 환상에 지나지 않을 것입니다.[40]

성 요한 바오로 2세 교황

일곱 번째 비밀까지 읽었다고 해서 여러분이 책을 덮어 버리지 않았기를 바랍니다. 일곱 번째 비밀의 분량이 꽤 길었다는 것을 나도 잘 압니다만(그래서 미안합니다), 그것으로 끝이 아닙니다. 아직 알려 드릴 중요한 내용이 남아 있습니다. 좀 더 확실히 하고자 머리말에서 나누었던 내용을 다시 살펴보겠습니다.

고해성사를 그냥 보는 것이 아니라, 많이 보십시오!

이 책에서 이야기한 것들을 대부분 잊는다고 해도, 고해성사가 단지 나쁜 행위를 용서받는 것이 아니며, 잘못된 것을 한 번 고치고 마는 것도 아니라는 것, 오히려 우리가 성장하도록 돕는 치유와 교육의 과정이라는 것만은 기억해 주십시오. 고해성사가 잘못된 것을 한 번 고치고 마는 것이라면, 무엇인가 심각하게

'고장'이 났을 때만 고해성사를 받으면 그만이겠지요. 하지만 고해성사는 하나의 과정이기 때문에 우리는 '할부' 방식으로 고해성사를 받을 때마다 조금씩 조금씩, 한 단계 한 단계 나아집니다. 이 말은 곧 고해성사를 더 많이 볼수록 더 많이 성장한다는 뜻입니다.

> 그러므로 자주 고해성사를 보십시오. 다만 죄에 대한 생각만 하지는 마십시오! 지금까지 우리가 이 책에서 살펴본 내용들을 의식하며 고해성사를 보러 갑시다. 은총을 받으십시오! 성장을 향해 나아가십시오!

이미 언급했듯이, 우리는 고해성사를 볼 때 죄를 고백할 뿐, 죄의 뿌리를 고하지는 않습니다. 그래서 죄를 용서받아도 그 원인은 치유를 받지 못한 것입니다. 우리는 죄가 문제라고 생각하지만, 그렇지 않습니다. 문제는 우리의 태도, 습관, 죄 많음, 약함, 인간 조건, 하느님과의 관계에서 성장하지 못하는 우리의 현실입니다.

우리는 더 깊이 들여다보며 성령께 청해야 합니다. "제 안에 들어오십시오. 제 마음을 살펴 주십시오. 진짜 문제들을 밝혀 드러내 주십시오. 무엇이 저를 죄로 이끌고 있을까요? 어떤 무질

서한 욕망이나 태도를 제가 붙잡고 있을까요? 제게 자비가 가장 필요한 곳은 어디일까요? 치유가 필요한 곳, 성장이 필요한 곳은 어디일까요?"

여러분이 고해성사를 참으로 이해하고 소중히 여긴다면 성사를 볼 때마다 조금씩 더 거룩해지고 조금씩 더 변모하며, 그리스도께서 조금씩 더 여러분 마음에 스며들 것입니다. 그리하여 여러분은 새 포도주 부대, 곧 그리스도의 모습을 닮은 모습으로 회복된 새 피조물이 될 수 있고, 궁극적으로 그분과 영원히 함께할 수 있게 될 것입니다. 그러므로 심각한 죄를 지었을 때만 고해성사를 볼 것이 아니라, 죄를 피하도록 도와주시는 하느님의 은총을 받기 위해서 자주 고해성사를 받으십시오.

교황 베네딕토 16세는 우리가 죄를 인식하고 고해성사 중에 그 죄를 성실하게 밝히는 것이 중요하다고 말합니다. 하지만 오직 죄에만 초점을 맞춘다면 고해성사의 핵심은 경험하지 못할 것입니다. 고해성사의 핵심은 무엇일까요?

선과 자비의 아버지이신 하느님과 인격적으로 만나는 것입니다.
고해성사의 중심에는 죄가 아니라 하느님의 자비가 있습니다.[41]

교황 베네딕토 16세는 우리가 단지 죄를 용서받기 위해서가 아니라 '아버지 하느님의 자비로운 사랑을 경험하기 위해서' 고해소로 갈 때 삶의 전환점을 맞아 끊임없는 회개로 향할 수 있다고 분명히 밝히고 있습니다.

> 우리는 늘 회개를 열망합니다. … 화해의 성사를 자주 받으면, 복음의 완덕을 향한 갈망은 계속 살아 있습니다. … 이 부단한 갈망이 없다면 불행히도 고해성사는 삶의 구조에 아무런 효과를 발휘하지 못하는 형식적인 무언가가 될 위험이 있습니다.[42]

데이비드 나이트 신부는 고해성사가 우리의 일상에서 정말로 효과를 발휘하려면 단순히 죄로부터 돌아서는 것이 아니라 예수님의 제자로서 성장을 향해 돌아서는 것, 즉 '지속적인 성장의 성사'로서 이 성사를 '규칙적으로' 이용할 필요가 있다고 적고 있습니다.

> 단지 용서를 받기 위해 사용된 고해성사는 죄로부터 벗어나는 회개이다. 영적 성장의 지침이자 유인誘因으로 사용된 고해성사는 더 통찰력 있고, 근원적이며, 정통적으로 따르기 위해 예수 그리스도를 향하여 나아가는 회개이다.[43]

우리 중에도 고해성사를 고장 난 자동차를 정비소에 가져가 듯이 생각하는 사람들이 많이 있습니다. 우리는 전체적인 점검이 필요할 때 고해성사를 받아야 한다고 생각합니다. 우리 스스로 제대로 작동하지 않으니 '수리'를 받아야 한다는 것입니다. 하지만 고해성사는 '보수'가 아니라 '유지'라고 생각해야 합니다.

고해성사는 자동차의 오일 교환과 같아야 합니다.

내가 처음으로 괜찮은 차를 갖게 되었던 때가 생각납니다. 그 차는 2년밖에 되지 않았고, 주행거리도 2만 킬로미터가 채 되지 않았습니다. 친구 하나가 이렇게 말했습니다. "내가 중요한 거 하나 알려 줄게. 다른 건 별로 상관없는데, 엔진 오일은 주행 거리가 5천 킬로미터가 될 때마다 갈아 줘야 돼. 그럼 문제없이 계속 잘 굴러갈 거야." 친구의 말은 정말 사실이었습니다.

여러분이 최근에 가전제품이나 자동차를 구입하셨다면 '무상 서비스' 계약을 받아 보셨을 것입니다. 무상 서비스를 받으려면 추가 비용이 들 때도 있긴 하지만, 이 계약을 맺어 놓으면 문제가 생겼을 때 쉽게 고칠 수 있습니다. 무상 서비스는 계약 내용에 따라 부품만 제공하기도 하고, 부품과 공임 모두를 무상으로 제공하기도 합니다. 나는 고해성사를 그리스도가 우리와 맺은 무상 서비스의 일환이라고 생각하기를 좋아합니다. 우리는 평생 품질 보증서를 가지고 있습니다. 그래서 무엇인가 잘못될 경우 그리스도께서 모든 것을 무상으로 교체해 주십니다. 부품과 공임 모두 공짜입니다. 그것도 영원히 그렇습니다. 우리를 위한 무상 서비스입니다. 더구나 추가 비용도 한 푼 들지 않습니다. 우리가 할 일은 이것을 이용하는 것뿐입니다. 우리는 이 무상 서비스를 이용하기 위해 고해성사를 받아야 합니다.

새 차를 장만할 때는 주행 거리 10만 킬로미터나 사용 기간 5년에 한해서 무상 서비스가 제공될 텐데, 그러한 서비스는 제조 과정에서 생긴 결함이나 정상적인 작동 상황에서 발생한 문제에 대해서만 책임을 집니다. 여러분이 제품을 잘못 사용했을 경우에는 품질 보증이 되지 않습니다. 그러나 하느님은 당신이 만드신 것을 우리가 잘못 사용하는 경우에도 보상해 주십니다. 우리가 잘못 사용했을 때도 하느님은 품질 보증을 이행하십니다. 그런데 실질적으로 사용자가 꼭 해야 할 일은 자동차의 유지 보수 때와 똑같습니다. 즉 규칙적인 점검을 게을리해서는 안 된다는 것입니다. 제조사 측에서는 제품을 규칙적으로 점검해서 사용하지 않으면 제품에 이상이 생기고, 그러면 품질 보증 의무를 수행해야 한다는 점을 알고 있습니다. 그래서 여러분이 고장 방지를 위한 규칙적인 제품 점검을 받게 합니다.

또 자동차의 엔진 오일을 점검하면 알 수 있듯이, 자동차가 잘 굴러가더라도 일정한 시간이 지나면 불순물이 섞여 듭니다. 오일이 끈적끈적해지고 색깔도 탁해져 엔진이 제대로 작용할 수 없게 됩니다. 그러면 자동차도 잘 달리지 못하고 수명도 짧아집니다. 그런데 주행 거리 5천 킬로미터마다 오일과 오일 필터를 갈아 주면 심각한 문제가 발생하기 전에 불순물을 제거할 수 있습니다. 고해성사에도 이를 적용해 봅시다. 우리에게 아직 '중대한' 불순물은 없다고 합시다. 우리는 여전히 잘 '달리고' 있고 '고장 난' 곳도 전혀 없습니다. 하지만 작은 불순물들이 꾸준히 쌓이면 성능은 점점 떨어지게 됩니다. 주행 거리 5천 킬로미터마다 엔진 오일을 갈아 주듯이, 규칙적으로 고해성사를 받아야 합니다!

'규칙적으로'라는 말은 무슨 뜻일까요? 한 가지 예를 들어 봅시다. 성 요한 바오로 2세 교황이 생전에 매주 한 번씩 고해성사를 받았다는 말을 처음 들었을 때 매우 놀랐던 기억이 납니다. 나는 그분의 거룩함에 감탄했습니다. 그리고 속으로 이렇게 생각했습니다. '교황님이 매주 한 번씩 고해성사를 본다고? 왜?' 주행 거리가 길었기 때문입니다! 말 그대로 성 요한 바오로 2세 교황은 많은 곳을 방문했습니다. 그래서 자기 삶의 '오일'을 깨끗한 상태로 유지하기 위해, 그리고 은총의 '새 생명'을 새로이 받기 위해 규칙적으로 고해성사를 보러 갔던 것입니다.

이 글을 쓰고 있자니 슬며시 미소를 짓게 됩니다. 나의 영적 지도자인 조지 코시키 신부와 자주 나누던 짧은 대화가 생각났기 때문입니다. 당시 우리는 하느님 자비의 전당에서 매일 함께 일하고 있었습니다. 코시키 신부는 오랜 시간 나의 영적 지도자요 멘토, 친구였기에 나를 나보다 더 잘 알았습니다. 내가 고해성사를 자동차 오일 교환에 빗댄 설명을 코시키 신부에게도 이야기했었는데, 그 뒤로 코시키 신부는 가끔씩 하던 일을 멈추고 미소를 지으며 나에게 말했습니다.

"비니, 자네 좀 '상태가 안 좋아' 보이는데.
오일 교환할 때 된 거 아냐?"

나는 코시키 신부에게 고해성사를 청할 필요가 전혀 없었습니다. 그는 언제나 내가 고해성사를 볼 필요가 있을 때면 먼저 내게 말해 주었습니다. 그리고 언제나 그 말은 옳았습니다. 그가 물으면 나는 하던 일을 멈추고 나 자신을 들여다보았습니다. 그러면 좀 '먼지가 끼고' '더러워진' 내 모습이 보였습니다. 어떤 중대한 죄를 짓지는 않았지만 내 상태가 그렇게 좋아 보이지도 않았습니다. (여러분에게도 '점검'이 필요한 때를 알려 줄 누군가가 있으리라고 생각합니다.)

나는 중대한 죄를 짓지는 않았지만 '오일 교환의 필요'를 인식했을 때 그 시기를 제대로 이용하지 않으면 죄가 내 삶으로 들어와 '수리'가 필요해지리라는 것을 배웠습니다. 은총으로부터 크게 멀어지는 지점에 이르지 않으려면 '정기 점검'을 위해 시간을 낼 필요가 있습니다. 지금 이 책을 읽고 있는 여러분 중에는 고개를 젓는 분들도 있을 것입니다.

"잠깐! 지금 나더러 정말 잘못된 일을 저지르기도 전에 고해성사를 봐야 한다는 겁니까? 소죄를 몇 개 지었을 뿐인데요? 게다가 매주 고해성사를 봐야 한다니요?"

매주 가야 한다는 부분에 대해서는 조금 여유를 둘 수 있습니다. 우선은 2주에 한 번이나 한 달에 한 번 가는 것으로 시작해도 좋습니다. 구체적인 일정은 사람마다 다를 수 있습니다. 중요한 것은 올바른 태도를 가지고 규칙적으로 자주 고해성사를 받는 것입니다. 소죄를 지었을 때도 고해성사를 받아야 한다는 부분은 강력하게 고수하고 싶습니다. 더구나 이런 의견을 가진 사람이 나만 있는 것은 아닙니다. 이미 언급했듯이 매주 고해성사를 봤던 성 요한 바오로 2세 교황 또한 다른 사람들에 그렇게 할 것을 권장했습니다. 그는 사제들과 주교들에게도 '성의를 다해 규칙적으로' 성사를 이용하라고 권고했습니다.44 그리고 '소죄만 지은 경우에도 고해성사를 보도록 신자들을 지도하고 가르치기를 계속해야 한다.'고 썼습니다.45

교황 베네딕토 16세는 「사랑의 성사」에서 같은 내용을 강조하며 이렇게 말했습니다. "주교들은 신자들에게 고해성사를 자주 보도록 권면할 사목적 책임이 있습니다." 그리고 "모든 사제는 기꺼이, 헌신적으로, 또한 자질을 갖추고 고해성사를 집전하는 데에 주력하여야 합니다."46

미국 주교회의에서 나온 「Rite of Penance」(참회 예식 7항)에서도 소죄에 대해 자주 고해성사를 보는 유익함을 언급하고 있습니다.

> 일상적인 결점으로 소죄에 빠지는 이들은 반복하여 참회 예식을 거행함으로써 하느님 자녀의 완전한 자유를 얻을 힘을 끌어낸다.

'반복하여 참회 예식을 거행함으로써' 나는 이 구절이 좋습니다. 우리가 자주 고해성사를 받음으로써 반복해서 기리게 되는 것은 무엇입니까? 바로 자비입니다! 「가톨릭 교회 교리서」(1458항)는 우리에게 이렇게 말합니다.

반드시 해야 하는 것은 아니지만, 일상적인 잘못(소죄)도 고백하도록 교회는 크게 장려한다. 왜냐하면 정기적으로 소죄를 고백하는 것은 양심을 기르고, 나쁜 성향과 싸우며, 그리스도를 통해 치유받고, 성령의 생명 안에서 성장하도록 도와주기 때문이다. 이 성사를 통해서 자비로우신 성부의 은총을 더욱 자주 받으면 성부와 같이 자비로워지는 힘을 얻는다.

아버지 하느님의 자비를 받고 우리 자신도 자비로워지는 것, 이것이야말로 우리가 자주 고해성사를 봐야 하는 가장 큰 이유입니다. 2013년 교황 프란치스코는 하느님 자비 주일 강론에서 이에 관해 멋지게 표현했습니다. 우리가 자기 잘못 때문에 고심할 때, 특히 스스로에게 낙담하고 조바심이 날 때 반드시 들어야 할 내용입니다. 교황은 하느님의 인내하심과 다정하심에 대해 이야기합니다. 하느님은 우리와 달리, 단번에 모든 것을 필요로 하지 않으십니다.

하느님은 우리를 사랑하시므로 우리를 인내하십니다. 사랑하는 이들은 이해하고, 희망하고, 자신감을 불어넣을 수 있습니다. 그들은 포기하지 않고, 관계를 끝내 버리지 않으며, 용서할 수 있습니다. 이점을 기억하도록 합시다. … 하느님은 늘 우리를 기다리십니다. 우리가 그분을 버리고 떠났을 때도 그렇습니다. 하느님은 절대 우리에게서 멀리 계시지 않습니다. 그러니 우리가 하느님께로 돌아간다면 하느님은 기꺼이 우리를 끌어안아 주십니다.[47]

교황 프란치스코는 되찾은 아들의 이야기를 '자비로운 아버지의 비유'라고 부르고 곰곰이 내용을 되새기면서 아버지 하느님은 '절대 자기 아들을 잊지 않으시고 매일 매시간 기다렸음'을 우리에게 상기시킵니다. 아들은 그 모든 잘못을 저질렀음에도 '늘 아버지의 마음 안에' 있었습니다. 아버지 하느님은 '1초도 아들 생각을 하지 않는 일이 없으십니다.' 아들은 돌아왔을 때 '질책하지 않으시는 하느님의 다정함'을 마주합니다.[48]

우와! 이게 진짜 고해성사입니다! 여러분이 살면서 어디에 있든, 무엇을 했든 안 했든, 어떤 결함과 약점과 죄가 있든, 아버지 하느님은 여러분을 잊지 않으십니다. 여러분은 늘 그분 마음 안에 있습니다. 그분은 여러분에 대한 생각을 잠시도 멈추지 않으십니다. 항상 여러분을 기다리시고, 여러분이 돌아오면 질책하지 않으시고 다정하게 안아 주십니다. 교황님 말씀이 계속됩니다.

아마도 여기 있는 우리 중 누군가는 이렇게 생각할 것입니다. '내 죄가 너무 커서, 이 비유에 나오는 작은아들만큼이나 나는 하느님에게서 멀어져 있지. … 나는 다시 돌아갈 용기도 없고, 하느님이 나를 반갑게 맞아 주시리라고, 나를 기다리시리라고 믿을 용기도 없다.' 하지만 하느님은 정말로 여러분을 기다리고 계십니다. 그분은 여러분에게 다만 용기를 내어 돌아오라고 청하십니다. … 두려워하지 말고, 그분께 가십시오. 그분께서는 여러분을 기다리고 계시며, 모든 것을 돌보아 주실 것입니다.[49]

강론은 이렇게 끝났습니다. 이 책을 마무리하기에 딱 좋은 말인 것 같습니다. 고해성사를 통한 기쁨의 새로운 여정, 치유와 거룩함으로 들어가는 그 변모의 새로운 오솔길로 여러분을 초대합니다.

하느님의 자비가 여러분을 감싸도록 합시다. 우리에게 늘 더 많은 시간을 주시는 그분의 인내심을 신뢰합시다. 그분의 집으로 돌아가 그분의 사랑 넘치는 상처 속에 살면서, 우리 자신을 허락하여 그분의 사랑을 받고 그분의 자비를 맛보도록 합시다. 우리는 그분의 다정함을 느끼고, 그분의 포옹을 느끼며, 우리 또한 자비와 인내와 용서와 사랑을 실천할 능력을 더욱 지니게 될 것입니다.[50]

보너스 비밀
전채 요리를 잊지 말 것

고해성사를 받기 위해서는
하느님의 말씀에 비추어 양심 성찰을 해야 한다.
「가톨릭 교회 교리서」, 1454항

솔직히 말하면, 나 역시 '전채 요리'를 잊었던 사람입니다. 아직 여러분과 나누고 싶은, 나에게 정말 도움이 되었던 것이 남았는데, 이미 비밀 일곱 가지를 다 말해 버렸네요. 그래서 '보너스' 비밀 하나를 더 드리려고 합니다. 어쩌면 이 비밀이야말로 가장 깊숙이 감추어진, 가장 자주 잊어버리는 비밀일지도 모르겠습니다. 그리고 고해성사에 관한 이 책을 고해성사의 시작에 관한 이야기로 끝을 맺는 것이 적절할 것도 같습니다.

고해성사를 보러 가기 전에 우리는 먼저 준비가 필요합니다. 자, 이제부터 주 요리를 먹기 전에 여러분을 준비시켜 주는 '전채 요리', 이를테면 영적 애피타이저를 제공합니다. 나 또한 고해성사를 미리 준비하면 고해소에서 훨씬 더 좋은 체험을 할 수 있다는 사실을 오랜 시간 동안 알지 못했습니다. 기껏해야 고해소에 들어가기 몇 분 전에 뭐라고 말할지 생각했을 뿐, 진정한 준비는 없었습니다.

그래서 여러분을 도와줄 양심 성찰 목록과 고해성사 '십계명', 고해성사 시편 등을 알려 드리려고 합니다. 대체로 이미 이 책에서 다룬 내용들을 다시 상기해 보는 것인데, 특별히 강조하고 싶은 요점은 두 가지입니다.

요점 하나, 성모님께 맡기십시오

성모님은 하느님 자비의 어머니이십니다. 자비를 가장 잘 이해하시는 분이며 십자가에 달리신 그리스도께서 우리에게 어머니로 주신 분입니다. 고해성사를 잘 받을 수 있게 도와주시고, 성령의 지도를 받도록 중재해 주실 것을 성모님께 청하십시오. 교황 프란치스코의 설명처럼 "그분은 우리의 어머니이시며, 우리에게 도움이 필요할 때 언제나 지체 없이 우리에게 다가와 주는 분이십니다."[51] 사촌 언니 엘리사벳을 돕고자 망설이지 않고 길을 나섰던 것처럼 말입니다.

요점 둘, 고해 사제를 위해 기도하십시오

네, 여러분의 고해 사제를 위해 기도하십시오. 그리고 고해 사제의 '일'이란 여러분을 위해 기도하는 것임을 인식하십시오.

고해 사제가 여러분을 위해 기도해야 한다니, 무슨 말일까요?

나 또한 그러한 사실을 알지 못했습니다. 이를 알지 못했다고 말하는 몇몇 사제들도 보았습니다. 신학교에서 공부할 때도 이를 배우지 못했던 것입니다. 하지만 「가톨릭 교회 교리서」(1466항)에서는 고해 사제의 의무에 관해 다음과 같이 분명히 말하고 있습니다.

> 고해 사제는 … 고백하는 사람을 치유와 완전한 성숙으로 인내로이 인도해야 한다. 그는 고백자를 자비로우신 주님께 맡겨 드리고 그를 위해 기도하고 속죄해야 한다.

내가 고해성사를 받을 때면 고해 사제와 나는 같이 앉아서 먼저 몇 분 동안 기도를 드립니다. 고해성사 전에 먼저 기도하는 것이 얼마나 중요한지 모릅니다.

고해 사제는 나를 위해 기도해야 합니다. 하지만 나는 왜 그를 위해 기도해야 할까요? 그것은 고해 사제 또한 인간이기 때문입니다. 물론 사제는 하느님께 봉헌된 축성된 삶을 살고 있고, '그리스도로서' 행동하도록 구별되었습니다. 하지만 그럼에도 그는 여전히 인간입니다(더구나 사제들은 과로하고도 제대로 인정받지 못할 때가 많습니다).

파우스티나 성녀는 이렇게 썼습니다.

한 가지 사실을 알게 되었다. 고해 사제들이 성령의 빛을 받을 수 있도록 그들 한 사람 한 사람을 위해 많이 기도해야 한다. 먼저 열심히 기도하지 않고 고해소에 가면 고해 사제가 나를 잘 이해하지 못하기 때문이다.

「일기」, 647

그러니 여러분 자신과 고해 사제에게 큰 호의를 베푸십시오. 그리고 고해소에 들어가기 전에 잠시 시간을 내어 고해 사제를 위해 기도하십시오. 자, 이제 여러분은 양심 성찰과 함께 내가 여러분을 위해 준비한 또 다른 '전채 요리'를 드셔도 좋습니다. 여러분의 '입맛을 돋우고' 여러분이 고해성사를 은총의 향연으로 경험하도록 도울 수 있었으면 좋겠습니다.

양심 성찰 7단계

1. 고해소에서 고백하는 나의 '목록'에 계속 올라오는 것들이 있는가? 그것은 무엇인가? (어떤 습관, 행동, 결함, 중독이 나의 변화를 어렵게 하는가?)
2. 그런 부분에서 내가 더 나아지는 것을 힘들게 하는 근본 문제

는 무엇인가?
3. 내 삶에서 주님이신 그리스도께 아직 내어 드리지 못한 부분은 무엇인가? 어떤 부분에서 나는 아직 평화롭지 못한가?
4. 치유가 필요한 상처들은 무엇인가? 아픈 곳은 어디인가?
5. 어떤 사람, 상황, 사건에 내가 여전히 분노하거나 분개하고 있는가? 나는 누구(하느님, 나 자신, 다른 사람)를 용서해야 하나?
6. 고해성사는 내 삶 전체의 '근본적 방향 전환'을 요구한다. 어떤 면에서 나는 그리스도와 다른가? 방향을 바꾸려면 무엇이 필요할까?
7. 하느님의 은총을 신뢰하며 당장 바꾸기로 결심할 수 있는 한 가지는 무엇인가?

사랑의 양심 성찰(자신을 비춰 봅시다. 1코린 13,4-7 참조)

나는 오래 참습니다. 나는 친절합니다.
나는 시기하지 않고 뽐내지 않으며 교만하지 않습니다.
나는 내 방식만을 주장하지 않습니다.
나는 짜증내거나 분개하지 않습니다.
나는 불의에 기뻐하지 않고 진실에 기뻐합니다.

나는 모든 것을 덮어 주고 모든 것을 믿으며 모든 것을 바라고 모든 것을 견딥니다.

고해성사 '십계명'

1. 자주 고해성사를 보라. 가벼운 소죄를 지었어도 고해소로 가라.
2. 잠시 시간을 내어 기도로 고해성사를 준비하라.
3. 자비의 어머니 마리아께 우리를 위해 기도해 주시기를 청하라.
4. 죄를 깨닫도록(지은 죄와 너의 죄스러움을 보여 주시길) 성령께 청하라.
5. 그리스도의 수난을 묵상하며 '참회의 눈물'을 불러일으켜라.
6. 하느님의 자비가 가장 필요한 부분들을 파악하라.
7. 고해 사제를 위해 기도하라. 교회는 고해 사제가 너를 위해 기도하도록 가르친다. 그러니 너도 성령의 빛이 그를 인도하기를 기도하라.
8. 행동에만 집중하지 마라. 근본적인 문제, 죄짓는 사고방식, 고통, 마음의 상처에 주목하라.
9. 치유를 받았음에 감사하라.
10. 보속을 행하라.

고해성사 시편
(기도하는 마음으로 자신을 돌이켜 본다)

시편 51,3-6.8-19

하느님, 당신 자애에 따라 저를 불쌍히 여기소서.
당신의 크신 자비에 따라 저의 죄악을 지워 주소서.
저의 죄에서 저를 말끔히 씻으시고
저의 잘못에서 저를 깨끗이 하소서.
저의 죄악을 제가 알고 있으며
저의 잘못이 늘 제 앞에 있습니다.
당신께, 오로지 당신께 잘못을 저지르고
당신 눈에 악한 짓을 제가 하였기에…

그러나 당신께서는 가슴속의 진실을 기뻐하시고
남모르게 지혜를 제게 가르치십니다.
우슬초로 제 죄를 없애주소서. 제가 깨끗해지리이다.
저를 씻어 주소서. 눈보다 더 희어지리이다.
기쁨과 즐거움을 제가 맛보게 해 주소서,
당신께서 부수셨던 뼈들이 기뻐 뛰리이다.
저의 허물에서 당신 얼굴을 가리시고

저의 모든 죄를 지워 주소서.

하느님, 깨끗한 마음을 제게 만들어 주시고

굳건한 영을 제 안에 새롭게 하소서.

당신 면전에서 저를 내치지 마시고

당신의 거룩한 영을 제게서 거두지 마소서.

당신 구원의 기쁨을 제게 돌려주시고

순종의 영으로 저를 받쳐 주소서.

제가 악인들에게 당신의 길을 가르쳐

죄인들이 당신께 돌아오리이다.

죽음의 형벌에서 저를 구하소서, 하느님, 제 구원의 하느님.

제 혀가 당신의 의로움에 환호하오리다.

주님, 제 입술을 열어 주소서.

제 입이 당신의 찬양을 널리 전하오리다.

당신께서는 제사를 즐기지 않으시기에

제가 번제를 드려도 당신 마음에 들지 않으시리이다.

하느님께 맞갖은 제물은 부서진 영.

부서지고 꺾인 마음을

하느님, 당신께서는 업신여기지 않으십니다.

시편 103,1-5.8.10.12-13.

내 영혼아, 주님을 찬미하여라.

내 안의 모든 것들아, 그분의 거룩하신 이름을 찬미하여라.

내 영혼아, 주님을 찬미하여라.

그분께서 해 주신 일 하나도 잊지 마라.

네 모든 잘못을 용서하시고

네 모든 아픔을 낫게 하시는 분.

네 목숨을 구렁에서 구해 내시고

자애와 자비로 관을 씌워 주시는 분.

그분께서 네 한평생을 복으로 채워 주시어

네 젊음이 독수리처럼 새로워지는구나.

주님께서는 자비하시고 너그러우시며

분노에 더디시고 자애가 넘치신다.

우리의 죄대로 우리를 다루지 않으시고

우리의 잘못대로 우리에게 갚지 않으신다.

해 뜨는 데가 해 지는 데서 먼 것처럼

우리의 허물들을 우리에게서 멀리하신다.

아버지가 자식들을 가엾이 여기듯

주님께서는 당신을 경외하는 이들을 가엾이 여기신다.

시편 130,1-8

주님, 깊은 곳에서 당신께 부르짖습니다.
주님, 제 소리를 들으소서.
제가 애원하는 소리에
당신의 귀를 기울이소서.
주님, 당신께서 죄악을 살피신다면
주님, 누가 감당할 수 있겠습니까?
그러나 당신께는 용서가 있으니
사람들이 당신을 경외하리이다.

나 주님께 바라네.
내 영혼이 주님께 바라며
그분 말씀에 희망을 두네.
파수꾼들이 아침을 기다리기보다
파수꾼들이 아침을 기다리기보다
내 영혼이 주님을 더 기다리네.
이스라엘아, 주님을 고대하여라,
주님께는 자애가 있고 풍요로운 구원이 있으니
바로 그분께서 이스라엘을
그 모든 죄악에서 구원하시리라.

출처 및 참고 자료

1 성 요한 바오로 2세 교황, 「성목요일에 사제들에게 보내는 교황 서한」, 4항, 2002년 3월 17일.

2 성 요한 바오로 2세 교황, 「성목요일에 사제들에게 보내는 교황 서한」, 10항; 11항, 2001년 3월 25일.

3 교황 베네딕토 16세, 즉위 미사 강론, 2005년 4월 24일.

4 Scott Hahn, *A Father Who Keeps His Promises* (Ann Arbor, MI: Servant Publications, 1998), p.20

5 십자가의 성 요한, *Living Flame*, 46-47, 다음에서 재인용: Iain Matthew, *The Impact of God* (London: Hodder & Stoughton, 1995), p.75.

6 안티오키아의 테오필로스, 「Pros Autolykon」, 다음에서 재인용: *The Liturgy of the Hours*, Vol.2 (New York: Catholic Book Publishing, 1976), p.240.

7 성 요한 바오로 2세 교황, 교황청 내사원 내부 포럼, 2004년 3월 27일.

8 교황 베네딕토 16세, 「로마 4대 바실리카의 고해 사제들을 향한 교황 베네딕토 16세의 강연」, 2007년 2월 19일.

9 성 요한 바오로 2세 교황, 「자비로우신 하느님」, 5항.

10 교황 베네딕토 16세, 삼종 기도 훈화, 2008년 3월 2일.

11 Fr. David Knight, *Living the Sacraments: A Call to Conversion* (Huntington IN: Our Sunday Visitor, 1984), p.28.

12 Fr. David Knight, *Living the Sacraments: A Call to Conversion* (Huntington IN: Our Sunday Visitor, 1987), p.77.

13 Archibishop José Gomez, *The Tender Mercy of God: A Pastoral Letter to the People of God of San Antonio*, February 21, 2007, #5.

14 성 요한 바오로 2세 교황, 강론(1979년 9월 29일, 더블린 피닉스 파크) 6항

15 성 요한 바오로 2세 교황, 강론(1979년 9월 29일, 더블린 피닉스 파크) 6항.

16 Fr. Raniero Cantalamessa, Lenten Meditation to the Papal Household, April 2, 2004.

17 성 요한 바오로 2세 교황, 「화해와 참회」 5항, 1984년 12월 2일.

18 교황 베네딕토 16세, 연설, 2008년 3월 7일.

19 교황 베네딕토 16세, 일반 알현, 2008년 2월 6일.

20 성 요한 바오로 2세 교황, 「자비로우신 하느님」, 2항.

21 Archibishop José Gomez, *The Tender Mercy of God: A Pastoral Letter to the People of God of San Antonio*, February 21, 2007, #23.

22 Archibishop José Gomez, *The Tender Mercy of God: A Pastoral Letter to the People of God of San Antonio*, February 21, 2007, #12.

23 교황 베네딕토 16세, 십자가의 길 이후 연설, 2006년 4월 15일.

24 성 요한 바오로 2세 교황, 「교회는 성체성사로 산다」, 5항.

25 성 요한 바오로 2세 교황, 「교회는 성체성사로 산다」, 12항.

26 성 요한 바오로 2세 교황, 1983년 세계 주교시노드 폐막 연설.

27 성 아우구스티노, 「설교 169」(『가톨릭 교회 교리서』, 1847항에서 인용)

28 James Ryder Randall, *The Catholic Anthology* (New York: The Macmillan Co., 1947), p.284.

29 Alfred Lord Tennyson, "Ring Out Wild Bells." from *In Memoriam*, 1849.

30 다음 여러 성경 구절을 의역함. 요한 8,11; 13,34; 콜로 3,12-13; 루카 6,36; 레위 19,2.

31 성 요한 바오로 2세 교황, 「성목요일에 사제들에게 보내는 교황 서한」, 5항, 2002년 3월 21일.

32 성 요한 바오로 2세 교황, 「성목요일에 사제들에게 보내는 교황 서한」, 6항, 2002년 3월 21일.

33 성 요한 바오로 2세 교황, 「성목요일에 사제들에게 보내는 교황 서한」, 6항, 2002년 3월 21일.

34 시에나의 성녀 가타리나, *On Divine Providence*, 다음에서 재인용: *The Liturgy of the Hours*, Vol.2 (New York: Catholic Book Publishing, 1976), p.1794.

35 성 아우구스티노, 「요한 복음 주해」, 다음에서 재인용: *The Liturgy of the Hours*, Vol.2 (New York: Catholic Book Publishing, 1976), p.276.

36 Scott Hahn, *Lord Have Mercy: The Healing Power of Confession* (New York: Doubleday, 2003), p.123.

37 교황 프란치스코, 2013년 4월 14일 강론.

38 Iain Matthew, *The Impact of God* (London: Hodder & Stoughton, 1995),

p.47.

39 성 파치아노, 다음에서 재인용: *The Liturgy of the Hours*, Vol.2 (New York: Catholic Book Publishing, 1976), p.116.

40 성 요한 바오로 2세 교황, 로마에서 행한 연설, 2004년 3월 27일.

41 교황 베네딕토 16세, 연설, 2008년 3월 7일.

42 교황 베네딕토 16세, 연설, 2008년 3월 7일.

43 Fr. David Knight, *Living the Sacraments: A Call to Conversion* (Huntington IN: Our Sunday Visitor, 1984) p.26.

44 성 요한 바오로 2세 교황, 「화해와 참회」(1984. 12. 2), 31항 6절.

45 성 요한 바오로 2세 교황, 「화해와 참회」(1984. 12. 2), 32항.

46 교황 베네딕토 16세, 「사랑의 성사」, 21항.

47 교황 프란치스코, 하느님 자비 주일 강론(2013. 4. 7), 2항.

48 교황 프란치스코, 하느님 자비 주일 강론(2013. 4. 7), 2항.

49 교황 프란치스코, 하느님 자비 주일 강론(2013. 4. 7), 3항.

50 교황 프란치스코, 하느님 자비 주일 강론(2013. 4. 7), 3항.

51 교황 프란치스코, 로마 프리마 포르타 본당 강론(2013. 5. 26).

"The Love That Saves" (우리를 구원하는 사랑)
ⓒ Maria Rangel, 2013.

마리아 랭글Maria Rangel은 캘리포니아 산타 파울라의 토마스 아퀴나스 대학에서 인문학 학사 학위를 받고 미술을 직업으로 삼아 활동해 왔다. 캘리포니아 라구나 비치의 라구나 미술·디자인 대학에서 미술 학사 학위도 받았다. 학업과 연구 활동을 통해 통찰력과 테크닉을 키웠고 이탈리아 피렌체의 앤젤 아카데미 오브 아트Angel Academy of Art에서 공부하는 동안 많은 영감을 얻었다. 현재는 남편과 함께 두 아들을 키우며 남부 캘리포니아에서 살고 있다.